W0330025

LA GUERRE DES CLASSES

DU MÊME AUTEUR

Quartier Nord, Fayard, 2006.
Les Petits Soldats du journalisme, Les Arènes, 2003.

François Ruffin

La guerre des classes

Fayard

Pour contacter l'auteur :
francois.ruffin@fakirpresse.info

© Librairie Arthème Fayard, 2008.

ISBN 978-2-213-63816-4

Les hommes combattent et perdent la bataille, et la chose pour laquelle ils ont lutté advient malgré leur défaite. Quand elle advient, elle s'avère être différente de ce qu'ils avaient visé, et d'autres hommes doivent alors combattre pour ce qu'ils avaient visé, sous un autre nom.

William Morris.

Ce que la vie m'a révélé, ce n'est point l'idée socialiste, c'est la nécessité du combat.

Jean Jaurès.

à Marie-Hélène et ses copines,
à Jean-Claude et ses copains,
et à toutes les Marie-Hélène,
à tous les Jean-Claude,
et à toutes leurs copines,
et à tous leurs copains,
qui de Poix-du-Nord à Longwy,
de Marseille à Amiens,
maintiennent allumée la flamme,
même par temps de pluie.

Prologue

Dans ma tête
Énonciation

La guerre, c'est la guerre des hommes ; la paix, c'est la guerre des idées.

Victor Hugo.

Dans une énorme marmite posée sur un réchaud à gaz, le chili con carne crépite dans la cantine du centre culturel d'Athus. C'est un bled en Belgique, juste à la frontière avec le Luxembourg et la France, Longwy à un pas. À un rond-point, d'ailleurs, on a les trois pays autour, c'est pratique pour aller acheter du tabac ou faire le plein à moindre coût.

À ma table, je relis mes notes :

« Il y a une guerre des classes, c'est un fait, mais c'est ma classe, la classe des riches, qui mène cette guerre, et nous sommes en train de la gagner. »

Puzzle

Sans cette citation, cette conférence n'existerait pas.

Ce livre n'existerait pas.

J'avais, certes, éparpillées devant moi, toutes les pièces du monde social. Les vaincus, croisés lors de reportages : ouvriers de Flodor Whirlpool Delsey ECCE dont les usines sont délocalisées en Inde Slovaquie Pologne, jeunes du quartier Nord condamnés à d'épisodiques missions d'intérim, routier qui sombre dans la schizophrénie pour cause de surmenage, etc., de quoi rédiger une encyclopédie du malheur. Aucun mort de faim ni de froid, non, juste des vivants à moitié mornes, à l'espérance éteinte, dont l'avenir se rétrécit comme une peau d'éternel chagrin, rabougri à trois bâtiments, à un bout de shit, à des rêves fumeux, à des journées traînées comme des boulets.

Tandis que les vainqueurs transforment la planète, désormais « ouverte », en leur vaste terrain de jeux. Ceux-là ne m'ont bien sûr jamais accordé la même confiance, les mêmes confessions, mais j'ai découvert leur opulence comme par une porte entrebâillée et trop vite refermée : à Bruxelles, par exemple, je me suis prétendu gendre d'industriel fortuné, et les millionnaires français m'ont ouvert la voie de l'exil fiscal. Faussement passionné de chevaux, je me suis rendu à Megève pendant le tournoi de polo sur glace et j'ai visité des chalets avec hammam loués 30 000 € la semaine. Je me suis renseigné, aussi, pour acheter un yacht à Antibes, pour le faire immatriculer dans un paradis fiscal, pour embaucher des matelots indonésiens...

Mais un seul exemple suffit, peut-être.

« Pour donner un avenir au complexe d'Amiens, acceptez-vous ce projet, qui devra être finalisé par un accord avec les représentants du personnel ? » Voilà la question que la direction de Goodyear-Dunlop a posée, ce samedi 20 octobre, à ses salariés. Avec, dedans, un chantage clair : c'était « oui » ou le désastre, « oui » ou le « complexe d'Amiens » n'aurait pas d'« avenir ». C'était « oui » ou la plus grosse usine de Picardie fermerait doucement. Et le directeur menaçait encore plus franchement : « C'est au prix de ce plan que nous pourrons garder des emplois en France. » Ce « plan de modernisation » – la régression sociale porte toujours de jolis noms –, ce « plan », donc, prévoyait 450 suppressions de postes, un temps de travail en augmentation et le passage en 4 × 8. En échange, le site serait « maintenu », avec un « investissement de 52 millions d'euros » et 1 000 € de primes à l'année. Sinon...

Malgré ces intimidations, les salariés ont voté non.

Non à 64 %.

Oui à 75 % parmi les cadres.

Non à 75 % parmi les ouvriers.

Tandis que plane cette menace, une dépêche Reuters vient de tomber dans l'indifférence : « Goodyear monte en Bourse après un très bon trimestre. » Cette nouvelle financière n'a paru nulle part dans la presse locale, aucun élu ne l'a reprise. Elle en dit long, pourtant, sur la marche en cours :

« Le numéro un américain du pneu Goodyear Tire & Rubber monte en Bourse mardi après avoir fait état d'un bénéfice net hors éléments exceptionnels très supérieur aux attentes au titre du troisième trimestre. [...] Bénéfice net : 668 millions de dollars ou 2,75 dollars par action contre une perte nette de 48 millions de dollars ou 27 cents par titre au troisième trimestre 2006 en raison de charges de restructuration. [...] Le bénéfice d'exploitation a augmenté dans les cinq régions géographiques du groupe. [...] Le groupe maintient ses objectifs fixés dans son plan de restructuration sur quatre ans. [...] Contexte : Goodyear, dont la restructuration se terminera en 2009, a prévu de fermer certaines usines, de vendre des actifs et de s'approvisionner et de produire dans des pays où les coûts sont plus faibles. »

C'est l'équilibre que j'apprécie : dans le communiqué, le mot « bénéfice » revient trois fois. « Restructuration » aussi. Un vocabulaire qui départage clairement vaincus et vainqueurs[1] *.

---

* Afin de ne pas trop hacher la lecture, les appels de note sont systématiquement placés à la fin des paragraphes. Les notes sont regroupées en fin de volume, p. 231.

Alors, cette « guerre des classes » me crevait les yeux comme une certitude.

Et pourtant, je tournais autour.

Je la traitais par la bande, presque en fraude.

Mais sans la formuler.

Sans la mettre à la place qu'elle réclamait : au centre.

Au cœur de mon propos.

Comme une vision du monde, une division entre riches qui s'enrichissent et pauvres dont seule la résignation s'accroît.

À énoncer cette intuition manichéenne, je craignais de passer pour un archaïque.

Un gauchiste.

Un diviseur.

Un simpliste.

Un démagogue.

Que sais-je encore ?

Malgré la force de l'évidence, je n'osais pas.

Cette autocensure est la mienne, mais pas seulement. Je la partage, il me semble, avec tous les « sociaux-quelque chose », avec tous les soucieux d'égalité. Avec toute une gauche qui, saisie d'une timidité collective, a renoncé à son langage, n'avance plus ses idées que masquées, à dose homéopathique.

Comment, d'ailleurs, suis-je tombé sur cette citation ?

Sentier de la « guerre »

C'était pendant l'été 2007. Vincent Peillon venait d'être battu, une nouvelle fois, aux législatives dans la Somme, mon département. L'ancien porte-parole du PS, puis de Ségolène Royal, s'était pourtant présenté dans une circonscription ouvrière, le « Vimeu rouge », bastion de l'anarcho-syndicalisme, avec ses PME de la serrurerie et de la robinetterie qui fuient lentement vers la Chine. Son échec incarnait, pour moi, le divorce des classes populaires d'avec le Parti socialiste, aussi guettais-je ses explications.

Elles arrivèrent, fin août, via une tribune publiée dans *Le Nouvel Observateur* et intitulée : « Quel avenir pour la gauche ? »

Mais dans cette double page le mot « ouvrier » n'apparaissait pas.

Ni « classe ».

Ni « populaire ».

Pas plus que Peillon n'évoquait son propre « fiasco ».

La « métallurgie » et le « Vimeu » irriguaient encore moins son verbiage consensuel : « Il faut changer nos mœurs et apprendre à conjuguer autrement la richesse de notre pluralisme avec l'impératif de notre rassemblement et de notre efficacité », etc.

Le papier de Vincent Peillon contenait tout le fatras de cette novlangue, à base de « refondation », d'« innovation », de « modernisation », selon laquelle la gauche doit « entreprendre enfin une mutation trop longtemps différée », s'imposer « des révisions courageuses et des audaces certaines dans [sa] doctrine », bref, cette libre opinion ressemblait à cent autres égrenées dans les pages « Rebonds », « Point de vue », « Débats ».

On disséquera plus tard cette prose d'impuissants. Qui déguise sa lâcheté sous les injonctions au « courage »[2].

Pour me distraire, j'ai tapé « Peillon – lutte des classes » dans Google. Le moteur de recherche aurait plu aux surréalistes, lui qui permet ces rapprochements incongrus et offre des liens comme des paquets surprises. Cette fois encore, « 28 400 pages en français » se sont affichées en « 0,23 seconde ». Mais aucune citation recensée, aucune phrase dans laquelle il aurait prononcé – ou se serait prononcé sur – la « lutte des classes ».

J'ai essayé à sa gauche : « Buffet + lutte des classes ».

Rien non plus.

Surpris, j'ai parcouru les discours de la candidate communiste – une bonne dizaine, proférés lors de la campagne présidentielle de 2007. Après vérification : non, Marie-George Buffet n'a pas utilisé une seule fois l'expression « lutte des classes ». Pas même le terme « classe ».

Sans doute a-t-elle reçu des conseils de communicants, qui lui ont susurré qu'il fallait « parler franc », « direct », « sincère », le « langage du cœur », et que ces machins-là, « lutte des classes » et compagnie, ça sonnait « vieux jeu », « ringard », « has been », « pas du tout tendance ». La candidate du PC gommait ces mots de son lexique comme on efface des rides, fausse cure de jouvence au moyen d'un glossaire rafraîchi. À la place, Marie-George Buffet enfilait les détresses comme des perles : « Je peux vous parler des ouvrières d'ECCE, qui viennent de nous faire part des menaces pesant sur leur entreprise, alors que je peux témoigner de la qualité de leur travail, des Diebold, qui occupent leur usine, des salariés de l'imprimerie JDC, dont la multinationale donneuse d'ordre ne respecte pas son engagement commercial. Je peux dire ici au nom des infirmières de l'hôpital Saint-Louis leur besoin de temps pour récupérer, tant est lourde leur tâche. Je peux ici témoigner pour cette femme du XIe arrondissement de Paris qui fait vivre sept personnes dans quelques mètres carrés. Elle tient, me dit-elle, pour que ses enfants fassent des études. J'ai au cœur cette retraitée qui, sur le marché, dans ma ville, me disait sa douleur de devoir aller aux Restos du Cœur », etc. Et l'énumération dure encore.

Je lui ai téléphoné pour lui demander pourquoi. Place du Colonel-Fabien, son attaché de presse m'a passé son porte-plume, Pierre-François Koechlin :

« Jamais vous n'avez utilisé l'expression “lutte des classes”, ni même le mot “classe” ?

– Ah... Oui, possible... Vous me l'apprenez, mais c'est une info... On a dû estimer, inconsciemment, que le mot en lui-même était... Parce que, pour moi, les conflits de classes, c'est une évidence, alors quand on dit “la droite”, ça suffit...

– Vous avez quel âge ?

– Je vais vers la trentaine.

– Bon, moi je viens de dépasser la trentaine, mais vous voyez, dans notre génération, je n'ai pas l'impression que l'appartenance à une “classe” relève de l'évidence. Et encore moins la “lutte des classes”...

– Je n'avais pas pensé à ça. Mais vous avez raison.

– Est-ce que, bon, je ne veux pas donner de leçons, mais est-ce que, en abandonnant les mots, vous ne participez pas à cet abandon d'une conscience de classe qui réclamerait d'abord une prise de conscience ?

– C'est *de facto* la question que je me posais. Et peut-être que le caractère anonyme des marchés financiers, les fonds de pension, bon, ça n'est plus le patron avec son cigare...

– J'irais plus loin : en abandonnant ces mots, c'est toute une logique que vous abandonnez. Et pardonnez-moi, mais justement : il me semble que, dans vos discours, il n'y a plus de logique. Je veux dire, on aligne tout ce qui va mal dans le monde, mais derrière on ne perçoit aucune analyse...

– Oui, ça c'est un signe de tout ce qu'on a négligé à un moment, et qui est à reconstruire. »

Y a du boulot tant, à mes yeux, l'inventaire des calamités terrestres façon Buffet se révèle dépourvu de toute armature intellectuelle. Une dégoulinade de tristesses qui conduit davantage au fatalisme qu'au combat.

Mais quel combat, au fait ?

Car j'ai relevé encore une autre absence dans ses oraisons

funestes : pas d'« ennemi de classe », et pas d'« ennemi » tout court. Pas davantage d'« adversaire ».

Ainsi va la gauche : elle s'émascule. Elle s'effraie de son ombre. Elle se prive de son propre vocabulaire, pourtant forgé dans la peine. Elle s'interdit de poser un mot sur une chose. Comment oserait-elle, alors, demain, transformer les choses si elle n'ose pas, aujourd'hui, simplement prononcer les mots[3] ?

« La lutte des classes existe, et c'est la mienne qui est en train de la remporter. »

C'est en cherchant « Buffet + lutte des classes » dans Google, donc, que je suis tombé sur cette phrase de « Buffett ».

Pas Marie-George, non. Warren.

Deux « f » deux « t ».

La première fortune mondiale, avec 62 milliards de dollars, passé devant Bill Gates au palmarès 2008. Car c'est bien lui, Warren Buffett, qui a formulé ce verdict.

Cet homme d'affaires américain ne lançait pas ces mots comme une provocation, non, plutôt comme un regret. Comme un simple constat, dressé après une petite expérience : dans son bureau, il avait demandé à ses employés combien ils gagnaient et combien ils payaient d'impôts. Là, il a découvert que c'était lui, le multimilliardaire, qui s'acquittait du plus faible taux. D'où son désir, qu'il expose à un journaliste du *New York Times* : que lui et ses congénères nababs soient davantage taxés. Bien que d'accord avec lui, son interlocuteur le prévient : « Quand quelqu'un essaie de poser ce problème, il ou elle est accusé(e) de fomenter une guerre de classes. » D'où la réplique de Warren Buffett, en version originale :

« There's class warfare, all right, but it's my class, the rich class, that's making war, and we're winning. »

Cet ultrafortuné ne faisait que récidiver. Il avait déjà tenu à peu près les mêmes propos sur CNN. Avec plus de précisions :

DOBBS (le PPDA de CNN) : Est-ce que vous auriez une solution rapide pour réparer la Sécurité sociale ?

WARREN BUFFETT : Personnellement, je ferais passer la base imposable au-dessus des 90 000 $.

DOBBS : C'est une idée progressiste. En d'autres termes, les riches paieraient plus ?

WARREN BUFFETT : Ouais. Les riches se portent si bien dans ce pays. Je veux dire, ça n'a jamais aussi bien marché pour nous.

DOBBS : C'est une idée radicale.

WARREN BUFFETT : C'est une guerre de classes, ma classe est en train de la gagner, mais ça n'est pas normal.

DOBBS : Pourtant, on entend la Business Roundtable, la Chambre de commerce des États-Unis se plaindre que « c'est déjà trop coûteux », que « c'est difficile de respecter les lois et de remplir toutes ses obligations ». Quelle est votre réaction ?

WARREN BUFFETT : Eh bien, en ce moment, les profits des entreprises atteignent un sommet en pourcentage du PIB. Tandis que les impôts sur les entreprises, en pourcentage global des impôts, sont presque au plus bas.

DOBBS : Historiquement, vous voulez dire.

WARREN BUFFETT : Historiquement. Alors, vous savez, les entrepreneurs américains ne souffrent pas, disons ça comme ça [4].

SANS COMPLEXE

« De quoi devons-nous encore nous libérer ? » demandait, hier matin, une journaliste sur France Inter. Elle interrogeait un intellectuel de gauche.

De la deuxième gauche, mais de gauche quand même : Alain Touraine, auteur de *Penser autrement*.

Que répondit-il ?

« C'est simple : les trois plus grosses fortunes du monde dépassent le PIB des 48 pays en développement les plus pauvres. 1,3 milliard de personnes subsistent avec moins de 1 dollar par jour. Il faut se libérer de cette inégalité démesurée » ?

Non, ce « penseur autrement » opta pour davantage de mesure : « Votre question est complexe. Parce que, premièrement, je vous dirai en termes simples, le danger majeur pour moi aujourd'hui, c'est l'esprit communautariste et identitaire. Je veux dire : pas de génocide, pas d'expulsion des minorités. C'est quand même ça qui nous affole, qui nous empêche de dormir. Deuxièmement, et ce qui est plus compliqué, c'est quelque chose qui nous concerne à un autre niveau, au niveau de notre être sur cette planète, parce que tout ce que je vous dis, c'est très gentil, mais les distances sociales, mais les incompréhensions, mais les exclusions s'agrandissent. Alors on est dans un monde où on parle de comprendre l'autre et puis pendant ce temps-là les choses foutent le camp. »

C'est un extrait puisé au hasard dans le flux médiatique. Mais quand les intellectuels – ces éclaireurs des ténèbres – renoncent à la clarté et lui préfèrent la « complexité », l'« être sur la planète », quand la candidate du Parti socialiste nous abreuve de « valeurs » mais délaisse toute critique sociale, quand la secrétaire du Parti communiste français abandonne la « classe » et la « lutte des classes », cela pèse sur notre inconscient comme un couvercle. Des mots, et toute l'analyse que portent ces mots, nous deviennent interdits. Par peur du ridicule, par crainte de l'isolement moral, nous devenons tremblants devant nos vérités[5].

Il fallait un milliardaire, non pas provocateur mais iconoclaste, pour me décoincer : « La guerre de classes existe, c'est un fait, mais c'est la mienne, la classe des riches, qui mène cette guerre, et nous sommes en train de la gagner. »

Warren Buffett me délivrait comme un blanc-seing. Non seulement parce qu'il était encore permis de « penser simplement », avec vigueur et néanmoins avec justesse. Mais surtout parce que, malgré mon intuition manichéenne, je n'étais pas un excité, un fanatique, un paléobolchevik. Non : j'effectuais une simple observation de l'histoire récente, la même que lui. Même si je désirais, pour ma part, que les faibles ripostent.

Juste un mot pour clarifier ça, peut-être : d'où je parle ?

Qui je suis, politiquement ?

Tout le monde n'a pas eu la chance d'avoir des parents communistes. J'ai plutôt baigné dans un vague humanisme chrétien, le conservatisme des agriculteurs mâtiné du progressisme des instituteurs – Jésus plus que Lénine, les jésuites plus que les trotskistes, vade-mecum d'une petite bourgeoisie de province. Ma chambre d'adolescent était tapissée de posters de Platini et de l'équipe de France 1984 (je peux réciter les exploits des Tigana, Domergue et Bellone match par match), et non de Che Guevara – dont le romantisme de guérillero rebute toujours mon prosaïsme. Oui, je me méfie du lyrisme. Jamais, à l'université, je n'ai pris la parole lors d'une assemblée générale, encore moins grimpé à la tribune, et mes années d'étudiant ne furent guère empreintes de mystique révolutionnaire. En toute honnêteté, j'ai à peine lu Marx (seulement ses petits ouvrages, *Le Manifeste*, *Le 18 Brumaire*, mais pas *Le Capital*, ou alors si, mais « pour les débutants » et avec plein de dessins). J'ai découvert Bourdieu tard, trop tard, bien après les grèves de 1995 – que j'ai suivies de loin, sans trop comprendre, à vingt ans pourtant. Même l'altermondialisme, je suis passé à côté sans regret : ni Gênes ni Porto Alegre, rien qu'Amiens. *Fakir* affichait un « Ce journal n'est lié à aucun parti, aucun syndicat, aucune institution. Il est fâché avec tout le monde. Ou presque » qui me convenait bien. Aujourd'hui encore, je n'exhorte à aucune « rupture avec le capitalisme », ne poursuis aucune utopie lointaine, guère dans mon tempérament. Je me définis plutôt comme un social-démocrate à l'ancienne, je ne sais pas trop, Blum, les Suédois, « réformiste », quoi, avec l'impératif écologique en prime.

Au fond, si j'y réfléchis, je suis arrivé à la gauche par la Littérature, la grande, par les romans de John Steinbeck, de François Cavanna, de Jules Vallès, par les chansons de Brel Brassens Renaud, par ces récits qui se tiennent aux côtés des humbles, qui racontent leurs existences anonymes, leurs joies, leurs épreuves, leurs tressaillements de l'âme. Je suis revenu à la gauche par une autre littérature, en miniature, le journalisme, pédalant pour *Fakir*, puis pour l'émission *Là-bas si j'y suis*, d'un centre d'appels à un chantier d'insertion, recueillant les témoignages comme des parcelles d'humanité blessée – autant de rencontres qui, lentement, paisiblement, m'ont engagé au-delà de la compassion. Je m'enfermais pour la Littérature, à nouveau, cet été, à Proyart, dans la maison de ma grand-mère, pour la seule vraie, le roman, un roman avec du social dedans, pas trop de social quand même, ne pas tomber dans la thèse. Que je réussisse à marier le réel avec une idée.

Je n'y parvenais pas.

Je piétinais.

Nicolas Sarkozy venait d'être élu, et toutes les nouvelles suintaient ça : le triomphe des nantis. Qui sortaient de terre comme les escargots par temps de pluie. Grâce au bling-bling élyséen, tout le grand monde applaudissait au « règne sans complexe du succès et de l'argent » – selon *Point de vue* (la *Pravda* de cette nouvelle ère). Bernard Arnault et ses héritiers s'affichaient en une, insolents de fortune, confortés par une presse à leurs pieds, par des ministres qui posaient en robe Dior à leurs côtés. Tout tenait en un titre : « Politiques, stars et milliardaires : la nouvelle alliance ». Tandis qu'elles plaidaient pour un « État modeste », tandis qu'elles taillaient à la hache dans les budgets de la Justice, de l'Éducation, de la Santé, Christine Lagarde et ses consœurs confondaient les délégations officielles avec des défilés de haute couture. Même le très peu sexy Brice Hortefeux se la jouait Cary Grant dans les soirées de *Gala* !

La droite se radicalisait, et la réalité avec – tandis que la gauche déjà molle se ramollissait encore, abandonnait la partie et la lutte, versait dans le centrisme « plus libéral que moi tu meurs ! ».

Cette « guerre des classes » relevait alors de l'évidence. Restait à l'énoncer. À rendre publique ma conversion [6].

*

Y a pire endroit que Longwy, pour ça.

C'est ici que battait, depuis le XIXe siècle, le cœur en fusion du fer. On l'a ensuite transplanté en Asie, le cœur. Sans anesthésie, on a tailladé les veines de la région, liquidé le bassin sidérurgique. Vingt mille ouvriers sur le carreau, début 80. Eux se sont bagarrés contre cette opération, avec vigueur : ils ont attaqué les commissariats, les banques, le château d'un patron aristo. Ils ont kidnappé la Coupe de France et Johnny Hallyday, qui s'est déclaré « solidaire » des insurgés. Ils ont libéré la commune des forces de l'ordre, déroulé des barbelés dans les rues pour repousser les tanks de l'armée. Ils ont fondé leur propre radio, illégale, « Lorraine Cœur d'acier », et lancé leur télévision avec diapositives – malgré les hélicoptères qui tournaient dans le ciel pour brouiller les ondes. Bref, ils ont instauré, d'après un *Monde* sympathisant, « la République populaire de Longwy ».

Qu'ont-ils gagné, finalement, dans ces batailles héroïques ? Pour eux, des calmants sociaux : des préretraites et des primes au départ. Et pour leurs fils, un François Mitterrand en visite, avant la rigueur et le renoncement, l'avait garanti sur l'honneur : « Pas une vis, pas un boulon ne sera démonté des usines de Longwy sans qu'un autre emploi soit créé à côté. » On a donc installé un château d'eau rond avec « PED » inscrit dessus, pour « Pôle européen de développement ». C'est Jacques Delors, alors président de la Commission, qui a initié ce programme : « On va inventer le laboratoire de l'Europe, il déclarait, très fier. On va construire l'Europe au millième. » Comme modèle, ça promet : un désert industriel étendu au continent. Car sur les 20 000 emplois détruits, sur les 5 500 promis, « vingt ans après la création de ce pôle, on en compte 1 500 ».

C'est Jean-Claude Feite qui me renseigne.

C'est lui aussi qui surveille le chili con carne. Vu la maigre affluence, je repartirai demain avec du rabiot dans un Tupperware. Une trentaine, une cinquantaine de sympathisants se sont déplacés, cette après-midi, pour écouter une conférence sur « Ikea, un modèle à démonter », ou sur « L'an 01 de la gauche ». Les pétitions d'Amnesty International en faveur des prisonniers de Guantánamo, contre les tests ADN, pour la libération d'une journaliste kurde, ne sont guère noircies – et le livre de Fadela Amara ne s'est pas vendu. Se sont arrachés, en revanche, les chips de yuca et les empenadas, cuisinés à un bout du couloir par deux Sud-Américaines en costume traditionnel. À cause de la fumée, l'alarme anti-incendie a retenti plusieurs fois, une sonnerie stridente. Tout, ici, est certifié « commerce équitable » : café OXFAM, noix de cajou OXFAM, barre au chocolat OXFAM, sacs et mitaines en laine bolivienne. On se serre dans la cantine, les uns sur des sièges en plastique, les autres debout. Je suis familier de ces soirées, un peu déprimantes parfois. Depuis quatre ans, je « tourne », une ou deux fois par mois, pour des comités ATTAC, pour les Amis du *Monde diplo* et d'autres – des heures de train, des centaines de kilomètres pour disserter sur « journalisme et actualité », sur « la formation au journalisme », et aujourd'hui encore le débat s'intitule : « La fabrique de l'information ».

« Mais j'ai décidé de ne pas vous parler de journalisme. Non, je vais plutôt vous causer de la lutte des classes. »

Près du radiateur, des gens rigolent, ils croient que je blague.

« C'est pas une plaisanterie... »

Même ici, donc.

Même à Longwy.

Quand j'annoncerai à des amis, plus tard, que je prépare un livre sur la « lutte des classes », suivra, toujours, un blanc, un silence gêné, comme si je dévoilais un vice caché, une maladie grave, un trouble de la personnalité, puis leurs réponses débuteront invariablement par un « Mais... ». Même parmi les militants, la pilule ne passe pas toute seule. Pour les interventions suivantes, dans les Cévennes par exemple, quand je préviendrai par avance l'organisateur, « lutte des classes », ça le gênera aux entournures : « On préfère, nous, aborder ça par la bande », et avant accord il devra « en discuter avec les copains ». Je me retrouverai avec comme titre, finalement : « La lutte des classes a-t-elle encore un sens ? », version euphémisée, un rien dubitative, de ma thèse surannée.

« Je vais vraiment vous parler de la lutte des classes, parce que, qu'on se réapproprie ce terme, qu'on ose à nouveau l'employer, ça me paraît une priorité. Alors, là, je vous présente mes parties : dans un premier temps, je vais donner des exemples, des illustrations, pour bien montrer que la lutte des classes perdure au présent. Dans un deuxième temps, on regardera les discours politiques face à cette lutte des classes – en gros l'omission à gauche et les dénégations de la droite. Et, dans un troisième temps, on découvrira les conséquences, qui sont nombreuses, qui sont profondes, de ce renoncement.

« Mais d'abord, je démarrerai par une citation : "La lutte des classes existe, et c'est la mienne qui est en train de la remporter..." »

Première partie

Dans le monde
Illustrations

Si je ne souhaite pas les idéaliser, je me souviens néanmoins (le paraphrasant un peu brutalement) d'un propos que j'ai lu quelque part : « La plainte du pauvre n'est pas toujours juste, mais si vous ne l'entendez pas vous ne saurez jamais ce qu'est vraiment la justice. »

Howard Zinn.

J'aurais pu commencer par ici, par Longwy et Kamel.

Un père sidérurgiste, lui, sacrifié au Pôle européen de développement : « Il est arrivé à 16 ans, il s'est brûlé deux fois à la jambe, gravement, et puis ça a fermé. Ils l'ont mis à Gourcy, une autre usine. Ça a fermé aussi. Ils lui ont proposé la préretraite et il a accepté. »

Furent sacrifiés, surtout, son fils, ses fils : « J'ai travaillé comme femme de ménage, j'ai tout fait, dans des foyers, un qui était inondé à Longuyon, à cause de la pluie, j'ai tout écopé avec ma serpillière et mon seau. Je suis allé jusqu'à Luxembourg ville, comme serveur dans un McDonald's. Toutes les missions chez Adecco, chez Manpower, ils avaient mon dossier partout. Mais ça durait, quoi ? quinze jours, trois semaines, un mois... » Ses copains, ses « cousins », ont enchaîné comme lui stages d'insertion, Mission locale, Agence pour l'emploi, remise à niveau, préformation, etc., l'ordinaire de la galère. Un tunnel d'inquiétudes, avec quelle lumière au bout ?

J'aurais décrit, en vis-à-vis, une autre famille, les de Wendel – qui ont mieux réussi leur reconversion. Eux ont revendu à bon prix leurs usines, leurs dettes, leurs pertes à un État généreux, et leur capital industriel d'hier s'est mué en capital financier, plus moderne, plus mobile, plus rentable. La CGIP – Compagnie générale d'industrie et de participation –, dirigée par Ernest-Antoine Seillière, regroupe la fortune des descendants. Elle a pris des participations (« couronnées de succès », loue *Le Figaro*) « dans Veritas, Capgemini, BioMérieux ou encore Valeo ». Elle jongle avec les entreprises : « dernier coup d'éclat, la cession en Bourse – avec plus-value – d'une partie de Legrand, acquise trois ans plus tôt ». Sous leur houlette, l'électricien du Limousin a fermé deux de ses sites. Et, « deux ans après la déconfiture de Vivendi Universal, Wendel Investissement devient le numéro deux de l'édition française après le rachat d'Editis à Lagardère et "met la main" sur les maisons prestigieuses que sont Nathan, Bordas, Le Robert, Plon, Perrin, Robert Laffont, La Découverte... » – avant de tout revendre au groupe espagnol Planeta. L'ancien patron des patrons empochait, personnellement, 79 millions d'euros dans la « réorganisation du capital ».

Pour connaître de semblables « succès », manque aux vaincus la « force d'obstination » – d'après l'éditorialiste Jacques Marseille [7].

J'aurais pu commencer par l'actualité, par le site EADS à Méaulte, chez moi, dans la Somme.

Car, jusqu'ici, que nous répétait-on ? Que certes on délocalise dans l'habillement, que certes les lave-linge, le papier peint, les chaussures, les appareils électriques, le plastique, les yaourts, la serrurerie et même les chips, tout déménage, mais regardez Airbus !

On regarde aujourd'hui Airbus. On relit ces rapports qui nous invitent à « anticiper les mutations », à « prendre de l'avance dans les secteurs de pointe », à « privilégier les investissements immatériels », et qui citent en exemple, toujours, l'« aéronautique » – les « avantages comparatifs dans l'aéronautique », la « spécialisation de l'économie française dans l'aéronautique », etc. Désormais, même sur ce marché en croissance – où « le trafic mondial de passagers devrait être multiplié par trois entre 2004 et 2023 » –, il devient « nécessaire » de dégraisser 10 000 opérateurs, de fabriquer 50 % des A350 dans des « pays à bas coûts », de multiplier les « bureaux des achats par pays ("CSO", Country Sources Offices), dont les premiers ont été implantés en Chine, en Russie et en Inde », bref, le groupe doit opter pour une « stratégie claire » : l'« internationalisation » – joli paravent pour la « délocalisation ».

Et tout ça pour quoi ?

Pour sauver l'entreprise ?

Ou pour que, selon les mots de Hans Peter Ring, directeur financier d'EADS, « la rentabilité ne risque pas d'être en décalage sensible par rapport aux standards de l'industrie et aux attentes légitimes » des actionnaires [8] ?

J'aurais pu commencer par ces articles de *La Tribune* qui traînent sur mon bureau.

Tous deux découpés le même jour, le 16 février 2007.

En page 8, « Le sort réservé à la "télécom vallée" par Alcatel révolte la Bretagne » : « Après la fermeture des sites STMicro, Philips Semiconductors et autres, la décision d'Alcatel de supprimer 1 500 postes en France dont 400 en Bretagne a un mauvais goût de déjà-vu dans la région. »

Et, en page 46, le concours « Élisez le grand stratège de l'année » : parmi les « cinq nominations », « Serge Tchuruk et Patricia Russo, Alcatel Lucent. [...] À 51 ans, [la PDG américaine] hérite de la responsabilité de mener à bien la fusion, qui devrait se traduire par au moins 9 000 suppressions d'emplois. Cela n'est pas pour l'effrayer. Passée d'abord chez IBM, AT&T et Eastman Kodak, elle n'hésita pas à licencier 10 000 collaborateurs à peine arrivée à la présidence de Lucent. Depuis, on la surnomme "Kamikaze Pat" ».

Des titres de gloire, apparemment [9].

J'aurais pu commencer n'importe où.

Partout où mon regard se pose, j'aperçois cette « guerre des classes » à l'œuvre.

Mais j'aurais livré ces exemples, et mille autres, on m'aurait répliqué, et on m'a répliqué, que c'était « sectoriel » : « l'industrie recule, mais elle est remplacée par les services ».

Que c'était « partiel » et « partial » : j'avais choisi les exceptions qui « appuyaient [ma] thèse ».

Que c'était « local », seulement vrai « pour les vieilles régions ouvrières du Nord, la Lorraine, la Picardie ».

J'affirme l'inverse.

Que la « guerre des classes », et l'écrasement d'une classe par l'autre, traverse toute la société, qu'elle est « structurelle » et non « sectorielle ». Qu'il s'agit d'un constat scientifique, rationnel, et non « partial » ou « partiel ». Que se déroule au-dessus de nos têtes, invisible, comme un bras de fer « global », et non « local », entre le Capital et le Travail, la force du premier qui fait plier le second.

Bras de fer global

« Global », c'est d'ailleurs l'adjectif qui revient dans cet article : « The Global Upward Trend in the Profit Share » (« Hausse tendancielle mondiale de la part des profits »). Et les auteurs de noter : « La part des profits est inhabituellement élevée à présent (et la part des salaires inhabituellement basse). En fait, l'amplitude de cette évolution et l'éventail des pays concernés n'a pas de précédent dans les quarante-cinq dernières années. »

D'où sont tirées ces lignes ?

D'une communication d'ATTAC ?

D'un congrès de la CGT ?

Au contraire : elles sont extraites d'un document de la

Bank for International Settlements, la Banque des règlements internationaux (BRI). Une institution qui réunit chaque mois, à Bâle, en Suisse, les banquiers centraux pour « coordonner les politiques monétaires » et « édicter des règles prudentielles ». Pas vraiment un repaire de marxistes, donc. Dans leur *Working Papers* nº 231, daté de juillet 2007, ils insistent pourtant sur les « hauts niveaux de la part du profit inhabituellement répandus aujourd'hui », sur cette « marge d'une importance sans précédent », sur cette « preuve à la fois graphique et économétrique d'un fait particulier concernant le partage des revenus dans les pays industrialisés : une poussée à la hausse de la part des profits au milieu des années 80, ou son pendant : une poussée à la baisse de la part des revenus », et ainsi de suite sur vingt-trois pages.

De même, qui redoute le pire en ces termes : « "J'ai attendu et j'attends encore" quelque normalisation dans le partage du profit et des salaires », car « la part des salaires dans la valeur ajoutée est historiquement basse, à l'inverse d'une productivité qui ne cesse de s'améliorer », et « ce découplage entre faibles progressions salariales et profits historiques des entreprises fait craindre [...] une montée du ressentiment, aux États-Unis comme ailleurs, contre le capitalisme et le marché » ? Un anticapitaliste pas encore repenti qui s'exprimerait au micro de *Là-bas si j'y suis* ? Au contraire : c'est Alan Greenspan, l'ancien directeur de la Fed, la Banque centrale américaine, qui livre ses inquiétudes au *Financial Times*, et dont les propos sont repris par *La Tribune* [10].

Ce constat, basique, chiffré, est unanimement partagé.

Il ne souffre aucune contestation : d'après le Fonds monétaire international (FMI), dans les pays membres du G7 la part des salaires dans le produit intérieur brut a baissé de 5,8 % entre 1983 et 2006. D'après la Commission européenne, la part des salaires, au sein de l'Europe cette fois, a chuté de 8,6 %. Et, en France, de 9,3 %.

Ces 9,3 % devraient, par le gigantisme des sommes en jeu – des centaines de milliards d'euros –, s'installer au cœur du débat. Toute la contestation des « nécessaires réformes en cours » (régimes spéciaux, retraites, indemnités chômage, Sécurité sociale, mais aussi pouvoir d'achat) pourrait, inlassablement, s'appuyer sur ces 9,3 %. Or c'est à l'inverse qu'on assiste : cette donnée majeure est quasiment effacée de la sphère publique, éclipsée dans les médias, à peine mentionnée par les politiques. Un point central de l'économie en devient le point aveugle. D'autant plus aveugle, occulté, maintenu dans la confidentialité des rapports jargonnants, que central, justement : si cette information, factuelle, objective, recevait la publicité qu'elle mérite, c'est tout l'édifice de la « modernisation du modèle social français » qui s'écroulerait. Sa logique se découvrirait, limpide, cupidité mise à nu : déjà gâté, pourri, choyé, gavé, le Capital veut encore arracher des morceaux au Travail, se plaint de sa « rigidité », de son « salaire minimum » toujours trop élevé, de ses « charges » trop lourdes, de ses « contrats » trop contraignants, etc., et souhaite mettre son adversaire enfin « flexible » à genoux.

Mais qu'on évalue d'abord ces 9,3 %, ce transfert de richesses. Le PIB de la France s'élève, aujourd'hui, à près de 1 800 milliards d'euros. « Donc il y a en gros 120 à 170 milliards d'euros qui ont ripé du travail vers le capital, calcule Jacky Fayolle, ancien directeur de l'IRES (Institut de recherches économiques et sociales).

– 120 à 170 milliards par an, alors ?

– Pour aller très vite, c'est ça. »

Même avec des estimations basses, le seuil des cent milliards d'euros est largement dépassé. Soit plus d'une dizaine de fois le déficit de la Sécurité sociale (12 milliards d'euros). Une vingtaine de fois celui des retraites (4,6 milliards d'euros). De même pour les régimes spéciaux (5 milliards d'euros). Des « trous » amplement médiatisés, tandis qu'on évoque moins souvent celui, ô combien plus profond, creusé par les actionnaires dans la poche des salariés...

« C'est un hold-up géant dont on ne parle pas, ça ?

– Oui, sauf que, tempère Jacky Fayolle, le mot hold-up est trop brutal pour parler d'un changement qui cumule tout un ensemble de facteurs : le poids du chômage, les politiques économiques, les changements de la gouvernance des entreprises depuis une vingtaine d'années... »

Historiquement, c'est au début des années 80 que se produit le basculement. Avec la conjugaison de deux phénomènes. D'abord, *le ralentissement de la croissance*, qui passe de 4,8 % en moyenne durant les Trente Glorieuses à environ 2 %. Ensuite, *la répartition de cette croissance* qui est bouleversée : « Tout se passe comme si ce changement de rythme avait été mis à profit pour modifier les règles du jeu au détriment des salariés », résume l'économiste Michel Husson.

Une « modification des règles du jeu au détriment des salariés » selon l'IRES, une « part des profits orientée à la hausse depuis le milieu des années 80 » selon la BRI : ces périphrases académiques condensent tous les reculs sociaux de l'époque. Car, concrètement, comment s'est opéré, et s'opère encore, ce « hold-up géant » ?

Comment furent arrachés ces 9,3 % ?

1 – Par des « suppressions de postes », bien sûr : des salaires ne sont tout simplement plus versés, et leur part dans le PIB se réduit naturellement. Ainsi dans le public dernièrement. Ainsi, surtout, dans le privé, avec des firmes (Goodyear, Michelin, EADS, Danone, etc.) qui surfent sur les bénéfices tout en « restructurant » vers des « pays à bas coûts de main-d'œuvre ».

2 – La peur du chômage aidant, les salaires réels se traînent : « Selon une étude de l'INSEE publiée ce matin, rapporte *Libération* en novembre 2007, le revenu salarial net moyen, secteurs public et privé confondus, n'a pas augmenté en trente ans. » Et nulle « exception française » ici : « Sur vingt ans, le pouvoir d'achat des salariés allemands a stagné », titrent *Les Échos* à la suite d'une autre « étude » (du ministère du Travail outre-Rhin). « Pour renforcer leur compétitivité, poursuit le quotidien économique, les chefs d'entreprise ont eu tendance à geler les augmentations. » Vingt ans, c'est 1987. Et cette année-là naissait le CAC 40, avec un indice 1 000. Il cote en ce matin de février 2008, à 4 797 points : + 378 %, donc. Et là, aucun besoin d'étude...

3 – La « flexibilité » aussi a fait plonger les salaires, en les rendant irréguliers. Depuis 1980, « la proportion des travailleurs à temps partiel est passée de 6 % à 18 % de l'effectif salarié total, et celle des autres formes d'emploi atypiques (intermittence, intérim, etc.), de 17 % à 31 % du salariat ». L'emploi, devenu jetable, malléable, sur mesure, s'est ajusté aux besoins variants des entreprises. Encore un gain de « compétitivité »...

4 – On a rogné, enfin, sur les à-côtés du salariat : cotiser plus et plus longtemps pour des retraites plus faibles, verser la CSG et des franchises médicales pour des remboursements qui diminuent toujours, idem avec les ASSEDIC, etc. « Il y a deux composantes à la masse salariale, analyse Michel Husson. Il y a le salaire direct et puis les cotisations. Dans le timing, dans un premier temps c'est le salaire net qui a fait baisser la part salariale, qui est à un niveau qu'on ne peut plus faire trop descendre. Et ce qui dans un second temps continue à la faire baisser, c'est la part des cotisations. »

La régression sociale, qui porte le nom de « réformes », prend donc plusieurs formes – mais qui découlent toutes d'une même offensive contre les revenus du travail. Qui se traduisent toutes par une seule statistique : 9,3 %.

Comme un curseur dans la « guerre des classes »[11].

DÉCLINAISONS

Ces 9,3 %, on peut maintenant les décliner à l'infini.

Ces 9,3 %, c'est vous, c'est moi, c'est notre fiche de paie, c'est la génération des trentenaires précaires.

Mercredi, sur le chemin de halage au bord de la Somme, on dînait à l'improviste de ficelles picardes cuisinées par une Allemande. Trois jeunes couples autour de la table – et un bébé qui s'endormait dans sa chambre. Sa mère va déménager en juin : son contrat à l'université se termine, sans renouvellement en vue. Son conjoint, téléconseiller, français lui, n'a obtenu que des CDD de six mois ou de brèves missions, et piétine désormais au chômage. Ils se préparent donc à partir, vers Berlin, vers Munich, là où un poste se libérera.

Dans le deuxième ménage, Frédéric exerce comme « vacataire » à la bibliothèque municipale, en quête d'intégration. Sa compagne, allemande aussi, bénéficie d'un CDI dans les écoles amiénoises... mais à raison de 6 à 8 heures par semaine. Soit un quart de SMIC, les bons mois.

Pour ma part, j'alterne piges et ASSEDIC depuis six ans maintenant, sans grand espoir d'incorporer une rédaction un jour – et de m'assurer des traitements stables. Seule Aline, « médiatrice sociale » dans un quartier populaire d'Abbeville, jouit à la fois d'un plein-temps et d'un contrat à durée indéterminée. Titulaire d'un DESS en « évaluation des politiques publiques », elle est payée 1 100 €...

Faut pas noircir : on a ri, ce soir-là. On a causé musique, vacances, cinéma. On a arrosé notre rencontre au vin d'Alsace. Sombrer dans le misérabilisme, ici, en écrivant, n'aurait aucun sens. D'autant moins de sens qu'on s'est habitués, justement. Habitués à cette incertitude qui rôde autour de notre avenir, à ces revenus smicardisés, à ces contrats dits « atypiques » – qui portent bien mal leur nom, eux qui sont devenus la nouvelle norme.

Tout comme il est « normal » que j'aie souscrit, ce matin, à une mutuelle, malgré ma bonne santé, malgré les 39 € que me prélèvera mensuellement la MGEN-Filia : tout le monde cotise désormais à une « complémentaire », tant à force de « déremboursements » et de « forfaits hospitaliers » on ne sait plus trop quels frais couvre une Sécurité sociale gruyère, ni si elle nous protège encore contre le gouffre de la maladie. Quant à la retraite, le seul fait de l'évoquer me fait sourire : j'aimerais me sentir, mieux que « solidaire », partie prenante des manifestations, mais j'ignore quel nombre rachitique de trimestres j'ai versés.

Alors, sans rien de dramatique, au contraire, dans toute la banalité de mon quotidien, dans le confort même de ma classe moyenne, je me range parmi les volés de ces 9,3 %.

Avec beaucoup d'autres.

Et bien moins que d'autres...

Bien moins que Marie-Hélène, par exemple, et ses collègues d'ECCE – Entreprise de confection et de commercialisation européenne. Dans le car au départ de Poix-du-Nord, près de Valenciennes, la déléguée CGT emprunte son micro au chauffeur : « Alors, aujourd'hui, nous allons au palais du Louvre.

– Aaaah ! s'exclament ses copines.

– C'est-à-dire qu'aujourd'hui, c'est une journée exceptionnelle chez LVMH : c'est la journée des actionnaires, donc ils se rassemblent dans une salle, donc y aura sûrement Bernard Arnault.

– Aaaah !

– Donc nous allons manifester sans nous bagarrer, nous

allons démontrer à LVMH que nous, on veut que la société, elle continue. Nous, on ne veut pas aller en Roumanie...

– Naaaan !

– Ni en Pologne...

– Naaaan !

– Nous, on a travaillé là des années, donc on veut rester là. Il faut absolument qu'on se fasse entendre. »

Des applaudissements, des « Bravo Marie-Hélène ! » accueillent le minidiscours. Avec des couacs, les salariées entonnent ensuite *Le Chiffon rouge* :

Compagnon de colère,
compagnon de combat,
toi que l'on faisait taire...

C'est un chœur uni, aujourd'hui. Mais, dans six mois, cette voix collective éclatera, déchirée entre les préretraitées, les reclassées sur le site voisin de Prouvy, les « en formation », les « sans solution », les déprimées dans leur foyer. Car après quinze, vingt, trente années d'ancienneté, ces femmes gagnent 1 000 € par mois : c'est trop. Elles touchent, à peu près, le prix d'un costume Kenzo (qu'elles fabriquent à la chaîne), mais c'est trop. Le numéro un mondial du luxe a trouvé moins cher ailleurs : « Ils cassent tout, de toute façon ! se désole Gloria. Quand tu vois qu'ils passent, devant toi, pour ramasser les machines qui vont s'en aller... Ils mettent un papier dessus : “À garder”. Alors que l'ouvrière est encore à sa machine. “À garder”, mais à garder la machine, pas l'ouvrière... »

Ces 9,3 %, sur l'autre versant, plus ensoleillé, c'est Bernard Arnault, bien sûr. Dans une salle immense, au Carrousel du Louvre, il délivre ses bonnes nouvelles à des milliers d'actionnaires : « Je voudrais souligner la performance exceptionnelle de votre groupe en 2006. Un résultat opérationnel courant en augmentation de 12 % en 2006, une amélioration de la marge opérationnelle et un résultat net en hausse de 30 %. Le groupe a encore renforcé, on peut le dire, son avance sur le marché mondial du luxe. » Et d'annoncer des « dividendes en hausse de 30 % » – qui lui rapportent, à lui personnellement, 335 millions d'euros. De la menue monnaie, ça, pour la première fortune de France : son patrimoine s'est accru de 3 milliards d'euros en 2006. On sort la calculette, avec les employées d'ECCE : « 230 769 », affiche l'écran.

230 769 années de salaire d'une petite main.

« Comme si on cousait depuis l'âge des cavernes ! »

Mais l'argent importe si peu, pour ce grand patron : « La fortune n'a jamais été mon but », déclare-t-il. C'est un ami des arts, plutôt : « Je vibre quand je joue au piano une étude de Chopin. » C'est un père aimant, surtout. Son fils Antoine siège au « comité d'indépendance éditoriale » des *Échos*, rachetés par papa, tout en dirigeant « la communication de Louis Vuitton ». Quant à sa fille Delphine, elle est « entrée au conseil d'administration [de LVMH], avec le double record d'être la seule femme et la plus jeune ». Pour son mariage, Bernard Arnault a offert à sa fille chérie une robe somptueuse – « 165 mètres d'Organza, dégradé du blanc au rose pâle, orné de cristal et de fils d'argent, brodé de roses anciennes » –, tandis que « le nouveau souverain pontife, Benoît XVI, avait envoyé sa bénédiction papale et un message personnel aux mariés », avant que le couple n'entame « son voyage de noces à Los Angeles, Hawaï, les îles Fidji puis Las Vegas, où [ils] iront écouter un concert d'Elton John ».

La petite Jennyfer, elle, grandira sous d'autres auspices : « J'ai 46 ans, raconte Éliane, sa mère, future licenciée d'ECCE. J'ai une petite fille en bas âge, et je ne sais pas ce que je vais pouvoir faire. »

Sa voisine, congédiée en 2003, lors de la première vague, ne la rassure pas vraiment : « Je suis trop vieille, moi, on me répond. En quatre ans, j'ai fait une formation dans la vente, en alternance, et malgré ça je n'ai rien trouvé dans les commerces ni le prêt-à-porter. J'ai juste fait 15 jours à Ed à côté de chez moi, et y a déjà deux ans de ça. Je postule dans tout. Je me suis renseignée pour travailler dans l'Aisne. J'ai pris le bottin pour chercher des adresses et puis j'ai écrit. J'ai eu des réponses. Positives. Négatives. C'était pour travailler qu'une journée par semaine, mais moi, travailler qu'une journée par semaine, ça ne m'intéresse pas...

– Tu manges sept jours ! remarque Éliane.

– Bah ouais, bien sûr. Après je me suis déplacée dans le Pas-de-Calais, mais c'est pareil, négatif. Tout est négatif, tout. Je me déplace aussi dans les magasins, j'essaie de voir le responsable, le directeur, c'est toujours négatif. Toujours négatif.

– On se demande si on a bien fait d'avoir des enfants », conclut Éliane.

Elle se montre moins catégorique, néanmoins, que cet ouvrier de Flodor qui, les yeux embués, dans son usine vidée de ses machines et transformée en *no man's land*, avait confié à Aline : « Surtout, ne faites pas d'enfant. » Malthusianisme d'une « classe » vaincue qui se sent privée d'avenir, éliminée par la « guerre » en cours [12].

Plus discrètement, Franck aussi appartient aux volés.

Lui a consacré sa maîtrise de philosophie à la « relecture du théâtre sartrien d'après guerre à la lumière de *L'existentialisme est un humanisme* ».

Comme « les caisses de l'État sont vides », comme les déficits publics sont agités tel un nouveau spectre et que l'enseignement de Heidegger n'apparaît pas comme une urgence nationale, le nombre de postes au CAPES de philo a fondu : 300 en 1993, 38 en 2004 – pour près de 1 000 candidats. Peinant à rejoindre l'Éducation nationale, Franck s'est reconverti : « responsable logistique » dans une PME de la Somme qui conditionne des parfums L'Oréal.

« La veille, on m'annonçait l'arrivée d'une cargaison. Donc, d'un jour sur l'autre, je dois trouver des caristes en intérim. Je téléphone à mes contacts dans les agences : "Est-ce qu'Untel est dispo ? Et Machin ?" Les contrats duraient entre deux et quinze jours, parfois juste une journée. » La société ne comptait que 16 CDI : dix ouvriers, cinq chefs et une secrétaire. Ses effectifs grimpaient régulièrement, néanmoins, jusqu'à 120 employés, soit 86,7 % d'intérimaires, dans une activité qui n'est pourtant en rien « saisonnière ». « L'intérimaire ne voit qu'une chose : "Est-ce que ce soir, à 16 h 57, on va me demander de revenir demain ?" 1 000 euros le mois, c'est un gros salaire. Donc ils te racontent leurs malheurs : "Franck, là, c'est un peu dur, avec les enfants. La semaine prochaine tu auras besoin de quelqu'un ?" Quand t'es chef de service, faut être un loup. Faut prendre des gens et décider si, demain, ils auront à bouffer ou non. »

Franck a démissionné, finalement.

Usé.

Usé physiquement, par l'absence de personnel, jongleur entre les tâches. Usé moralement, aussi, par cette gestion de salariés Kleenex, on prend on jette, on re-prend on re-jette : il faut assumer la violence sociale qu'on impose.

Ces 9,3 %, à l'autre bout, c'est évidemment Mme Liliane Bettencourt, héritière-actionnaire de L'Oréal – une entreprise dont le bénéfice connaît une croissance « à deux chiffres pour la dix-neuvième année consécutive ». Cette « femme la plus riche du monde » préside le trophée de golf Lancôme, vit au milieu des tableaux de Léger, Picasso, Manet, et a reçu la Légion d'honneur des mains d'un Bernard Kouchner qui, alors ministre socialiste, lui a murmuré : « Vous auriez pu vous contenter d'être fortunée ou d'être belle, et vous aviez les deux qualités. » Mais c'est que cet humaniste n'a pas, lui, la démagogie de rapprocher ces deux histoires.

Et encore moins d'invoquer une illusoire « guerre des classes »[13]...

Également volée sans le savoir, Mathilde, caissière chez Carrefour, qui habitait l'appartement HLM sous le nôtre. On a déménagé, Aline et moi, pour une maison individuelle, ascension sociale – et soutien parental – oblige. Elle non : avec ses « 837 euros et 63 centimes » de salaire « net », elle n'aspire guère à la vie de château.

En guise d'élévation, elle souhaitait juste grimper d'un étage, récupérer notre logement, pour que le soleil picard l'éclaire davantage : « Impossible, a répondu la SAPI, l'organisme HLM. On ne peut pas laisser les locataires choisir. Et si on fait une exception... » C'était lui accorder trop de liberté, déjà, dans sa destinée.

« Ces 837 euros et 63 centimes, c'est pour un plein-temps ?

– Non, un 30 heures. C'était imposé d'office quand ils m'ont embauchée : pas 35 heures, 30.

– Mais vous touchez une prime d'ancienneté ?

– Non, y a pas ça chez Carrefour. Le bonus après huit ans là-bas, c'est qu'on nous accorde un jour de congé supplémentaire. » Et d'en venir à la dernière largesse du groupe : « Pour Noël, d'habitude, on reçoit un petit cadeau de la part du patron. Un filet garni, un colis. Là, à la place, ils nous ont remis une boîte de chocolats à 2,50 € !

– C'était votre treizième mois ?

– Oui. (Elle rit.) Ils abusaient, alors on s'est mis en grève, et la direction nous a octroyé un bon d'achat de 15 €. Mais sur la fiche de paie ils ont déduit notre journée... »

Une fois soustrait son loyer – 389 € moins 15 € d'APL –, lui restent 485 € pour vivre, elle et son fils Frédéric, et son chien Angie, et son chat Pepsi, et pour entretenir sa petite auto pour se rendre au boulot.

On devine son reflet, à l'autre extrémité des 9,3 % : l'ex-PDG Daniel Bernard, « débarqué » avec 38 millions d'euros d'indemnités. « Quand on a appris ça, on était écœurés. » Quand il a appris ça, lui, le 4 février 2005, il a « filé faire du ski avec ses enfants et ses petits-enfants ». C'est que l'argent l'intéresse si peu...

Sous ses dehors d'homme d'affaires (désormais conseiller chez McKinsey, vice-président de Kingfisher, le numéro trois mondial du bricolage, membre du conseil d'administration de Capgemini, directeur de sa société d'investissements Provestis, consultant pour le gouvernement chinois, etc.) se cache en vérité un homme d'esprit qui nourrit bien des « rêves » : « Comme celui d'écrire un ouvrage sur Wagner et Eschyle afin de comparer les dramaturgies nordique et grecque. Ou encore, dénicher une forêt sans château. Mais le comble du luxe serait d'arriver à créer un jardin qui donnerait des fleurs toute l'année... »

C'est une constante, dans les portraits de magnats : eux se dépeignent en romantiques, en idéalistes – Jean-Marie Messier caressant un loup au fin fond du Canada, un banquier allemand posant pour un supplément du *Monde* allongé dans la paille, etc. Ils relèguent ainsi à l'arrière-plan leur richesse, presque secondaire, anecdotique – que l'on oublie la violence de cette accumulation. Le temps d'une photo, le carnassier se déguise en bohème. Dans ce quidam à la chaussette trouée, comment apercevoir encore le sanguinaire général d'une « guerre des classes » [14] ?

On me reprochera la caricature : de la travailleuse pauvre – caissière, intérimaire, ouvrière du textile – au gros patron.

Alors arrêtons-nous en chemin, avant l'« extrémité », avant Courchevel et les vols intercontinentaux en *business class*. Arrêtons-nous dans le Poitou, devant le monument aux morts d'un petit village.

C'est là que réside Louis, ingénieur retraité, et à peine entre-t-on dans sa résidence secondaire que son épouse, joviale, nous offre « un coup de cidre tout frais ». Eux naviguent entre leur appartement dans le XVIe arrondissement de Paris, leur demeure en Normandie et cette bâtisse familiale qu'ils nous font visiter : ici le « magasin de stockage » où le grand-père, négociant en vins, puis en engrais, entreposait son chariot... En haut le grenier, « une petite pièce où l'on mettait les pommes à vieillir »... Ils ont conservé à la maison son charme rustique.

Sorti d'une école de chimie, Louis s'est orienté vers « l'industrie qui payait le mieux à l'époque : le pétrole. J'ai fait toute ma carrière chez Mobil ». Il a tâté de la Bourse avec ses collègues au sein d'un « club d'investissements », mais c'est une fois à la retraite que, pour de bon, il s'est passionné pour les placements : « J'ai découvert que le PEA était un excellent véhicule grâce à la défiscalisation », et il m'encourage à suivre sa voie : « Je vous conseille du Essilor, du Pernod Ricard, du Carrefour, pourquoi pas ? Toutes les études convergent vers la même conclusion : c'est l'investissement boursier qui rapporte le plus.

– Mais pour combien possédez-vous d'actions ?

– Ce sont des informations que j'ai du mal à donner », tergiverse-t-il. Avant de me confier : « En dix ans, j'ai triplé. J'ai triplé ma mise. » Et lui le répète justement trois fois : « J'ai triplé ma mise... J'ai triplé ma mise... », impressionné par sa propre « performance ».

« Quand je regarde le prix de mes actions L'Oréal aujourd'hui, je me rends compte que j'ai réalisé une plus-value considérable. Donc, moi, petit actionnaire, je dis que la performance de M. Lindsay Owen-Jones, elle a été très payante.

– Quand vous parlez de la performance, c'est...

– Croissance du titre. Dividendes. Et solidité de la performance. »

Depuis deux heures, je suis docilement une formation de courtier amateur, emporté dans des éthers où les entreprises n'apparaissent que comme des entités lointaines, un sigle et des chiffres, sans hommes ni chair derrière. Et c'est cette abstraction, justement, cet éloignement du réel, qui protège les vainqueurs d'une (éventuelle) culpabilité. Alors, contre ce langage lénifiant, il faut en revenir au réel, comme on assène des coups.

Premier crochet :

« Ce qui me surprend dans votre discours, c'est l'absence de ce qui est pour moi le cœur de l'entreprise : les salariés. Dans la Somme, par exemple, il y a un sous-traitant de L'Oréal qui fonctionne avec 86 % d'intérim et des gens payés aux alentours de 1 000 €. Mais eux, la croissance du titre depuis onze ans, ils n'en ont rien perçu...

– Alors, écoutez, vous avez raison. Il faut distinguer le personnel de la société et celui de la sous-traitance. Le personnel de la société, vous savez qu'il y a de plus en plus d'incitations pour qu'il devienne actionnaire. Donc je pense qu'on ne peut pas plaindre les salariés d'une société, ils ont de multiples moyens d'accéder au capital. Et même, pour certaines entreprises, avec décote. »

Deuxième crochet :

« Vous dites : "Les salariés des groupes, ils ont une chance énorme parce qu'ils peuvent bénéficier des actions avec une décote." Bon. Dimanche, j'ai eu un entretien avec une caissière de chez Carrefour. Ça fait neuf ans qu'elle travaille chez Carrefour, depuis neuf ans elle a un temps partiel contraint et elle touche 837 €, c'est-à-dire moins que le SMIC. Je sais pas trop comment elle va faire avec 389 € de loyer, avec un fils à élever, pour acheter des actions et pouvoir en bénéficier, quoi !

– Écoutez, je pense que vous posez un réel problème, et

qui doit être débattu par l'ensemble des responsables de la grande distribution. Il faut l'attaquer sous l'angle du développement durable. C'est-à-dire que dans une société qui prétend faire du développement durable, et toutes le prétendent, elles doivent avoir un problème d'éthique : vous devez vous assurer qu'il y a une juste rémunération.

– Et si c'est pas le cas ? »

Troisième crochet :

« J'ai eu par ailleurs à me déplacer chez un sous-traitant de LVMH, dans le nord de la France. Maintenant la production de costumes est délocalisée en Pologne...

– Bon, ça c'est le problème de la mondialisation. C'est un autre problème.

– Toujours est-il que les salariés souffrent, alors que l'actionnaire est satisfait...

– Mais l'actionnaire qui a une démarche citoyenne, et je revendique cette démarche citoyenne... Et donc effectivement je regarderai quelles sont les règles de traitement, les règles d'équité et d'éthique face au développement de la sous-traitance.

– Vous dites : “Évidemment, la mondialisation, on ne va pas la résoudre”, mais la mondialisation, elle contribue peut-être à ce que des sociétés se portent bien au détriment des salariés ? Vous n'avez pas l'impression qu'il y a une lutte entre l'actionnaire qui peut toucher des dividendes et...

– Écoutez, moi je suis entièrement d'accord, il faut tenir compte de toutes les situations. Mais il ne faut pas oublier de tenir compte de toutes les variables de l'équation que vous posez. »

« Démarche citoyenne », « règles d'équité », « développement durable » : je ne crois pas un mot de toutes ces histoires. Tout chaleureux qu'il est, et bien que « plutôt à gauche » – avec une photographie de Clemenceau posée sur son bureau –, Louis ne renoncera pas à ses intérêts par un accès d'« éthique ». Il recourt déjà à la complexité, à

« toutes les variables de l'équation », aux différences de « situation », pour justifier le statu quo. Et si jamais un miracle de la conscience se produisait pour Louis, il faudrait que la même grâce touche les millions d'autres actionnaires, les fonds de pension, les boursiers professionnels, anonymes qui tirent bénéfice de la « mondialisation », de la « sous-traitance », des « temps partiels contraints ».

Tous ces petits soldats du Capital qui, dans la « guerre des classes », arrachent leur part de butin...

De ce combat à armes inégales c'est Dominique Airtaud, sans doute, qui m'a brossé le tableau le plus saisissant. Peut-être parce que la charge venait de là où on ne l'attendait pas.

D'un haut dirigeant qui a « occupé les fonctions de directeur des ressources humaines du groupe Olivetti, puis vice-président de Coca-Cola pour la France, président de Strafor mobilier de bureau pour l'Europe, et PDG de la Brink's », avant de décrocher. Il est alors revenu dans son village de la Drôme, Saint-Vallier, où l'usine locale déclinait – sacrifiée par un fonds d'investissements.

« J'ai un de mes meilleurs amis qui s'est suicidé chez Ceralep. Il faisait partie des cadres, et il vivait très mal le fait que cette entreprise allait fermer, malgré ses 13 % de rentabilité. Il pensait qu'on pouvait la garder ouverte, et d'ailleurs on l'a gardée ouverte, avec 55 salariés, sous forme coopérative. Pendant que Riverside s'installait en Slovaquie avec les capitaux, le carnet de commandes, l'outil de production.

« Ces fonds spéculatifs ont une attitude qui est à la limite de l'acceptable, et ils s'excitent d'ailleurs chaque fois qu'il y a un plan de licenciement. Pour eux, c'est une espèce d'orgasme, c'est fantastique, c'est prendre son pied, tout de suite l'action va monter. C'est surprenant, d'ailleurs, que les politiques n'aient pas mis le holà sur les plans de licenciement économique, comme on les traite aujourd'hui. Là, Nestlé veut se débarrasser de Perrier : mais pas parce qu'il perd de l'argent, juste parce que c'est un peu moins profitable que d'autres secteurs. Donc, pratiquement, il devrait y avoir des lois qui l'interdisent...

– Et c'est parce que vous aviez cette conviction-là que vous avez quitté, assez jeune finalement, le monde de l'entreprise ?

– C'est en partie pour ça, oui. Auparavant, il existait un lien entre l'entreprise et les salariés, mais ce lien, les entreprises l'ont coupé. On est rentrés dans un cycle où le CDI, on ne sait plus ce que c'est. Et puis on licencie à la va-vite les gens rentrés il y a beaucoup d'années ou il y a quelques jours, on met tout le monde dans le même sac, on le passe par-dessus bord, et la Bourse bondit.

– Vous pensez qu'il y a presque une concurrence à qui fera le plus de licenciements, aujourd'hui ?

– Je pense que ces 10 % de chômeurs qui existent depuis vingt ans, ils doivent intéresser quelqu'un. Y a quelqu'un que ça arrange, là-dedans.

– Vous pensez que ça sert qui ?

– Ces 10 % de chômeurs, y a des patrons que ça arrange : ils imposent un marché du travail où y a quelqu'un qui souffre, c'est celui qui cherche du travail. Moi, je vois, j'ai quatre filleuls, ils ont à peu près 25 ans. Y en a un qui est chômeur, un qui fait un stage, un qui a fait de l'intérim et un qui est en CDD. Aucun n'a de CDI, comme si le CDI avait disparu. Et maintenant, on s'est mis à jouer avec le marché du travail, qui est facile, hein, y a plein de monde qui est là, des gens qui acceptent des postes qu'ils n'auraient pas acceptés y a vingt-cinq ans avec leur formation. Et surtout qui acceptent des rémunérations très moyennes. Et comme vous pouvez le voir, les revendications sont minimes, hein, parce qu'on est devenus très peureux... »

Lui s'est octroyé une retraite anticipée comme on déserte

un champ de bataille. Pour ne plus, sans doute, prêter main-forte aux vainqueurs dans cette « guerre des classes ».

Lutte d'espace

La lutte touche aux revenus. Elle s'étend donc vite à tout.

On perd sa « place » au boulot, on finit par perdre sa place tout court.

Sans métaphore : son espace.

« Le centre-ville est en train d'être reconquis ! » s'enthousiasme Éric Foillard, directeur de Marseille République – filiale du fonds d'investissements Lone Star –, à l'intérieur de son « espace de vente ». Dehors, des grues s'activent, la poussière vole et les marteaux-piqueurs retentissent derrière les palissades en fer. « Ça va être magnifique, avec des pavés, des trottoirs en granit au sol, des arbres qui n'existaient pas, le tramway, plus ludique, plus aérien que le métro, la construction d'un parking de 800 places, plus l'Opéra, le deuxième opéra de France. Sur un îlot vont s'implanter une dizaine d'enseignes de luxe, les plus prestigieuses françaises. Ça va être la Croisette. »

Une mutation ambitieuse : avec ses bouis-bouis vietnamiens, son couscous à toute heure, ses hôtels meublés, la rue de la République – artère centrale qui relie les deux ports – ressemblait moins, jusqu'ici, aux Champs-Élysées qu'à la Goutte-d'Or. Éric Foillard nous fait visiter les appartements témoins, déclinés en « trois gammes : Haussmann, Design et Élégance ». La table est dressée pour un repas aux chandelles, avec une nappe blanche et des assiettes carrées en porcelaine. La « climatisation », le parquet en « chêne », en « hêtre » ou en « Berry de Merbau », au choix, le « lit à baldaquin » en option, la « baignoire en fonte comme autrefois », etc., justifient sûrement les 3 000 à 4 000 € le mètre carré. Soit 400 000 € le duplex. Mais voilà qui écrème sans doute la clientèle ? « Nos soixante-cinq premiers réservataires sont effectivement des cadres et des professions libérales. Parmi nos acquéreurs, nous avons aussi des Anglais, qui travaillent à Londres et qui ont décidé d'habiter ici. Ils mettent leurs enfants à l'école internationale. On en a trois comme ça. En un mois, c'est pas si mal. »

On change de pièce. Avec des peintures d'art contemporain aux murs, « la déco devient plus bobo, je note.

– Oui, oui, absolument, approuve Éric Foillard : bourge et bobo, on fait les deux. On n'a pas l'ambition de proposer des logements à un seul sociostyle. Certains acheteurs, par exemple, travaillent au pôle multimédia de la Belle-de-Mai. Soit chaînes de télévision, soit graphistes, on a des gens comme ça.

– Donc, finalement, entre le bobo, le bourgeois et le jeune cadre dynamique, vous avez un peu toutes les classes ?

– Oui, oui, absolument, absolument. On aura un bon mélange d'âges et de styles de vie. »

Nulle « gentrification » en cours, donc, au contraire : « On va plutôt vers la mixité sociale. Pour l'instant, il n'y a que des gens pauvres ou très pauvres. Certains de nos logements, c'était vraiment Zola, c'était terrible. »

Car les habitants, installés depuis dix, vingt, trente, quarante années, n'ont pas quitté la place en sifflotant, guillerets. Ainsi de Mme Garcia et de ses « quatre fois vingt ans », ex-secrétaire à la mairie, ici depuis 1953 et contrainte de déménager : « On m'a foutue dehors. On m'a dit : "Il faut que vous partiez." Assez brutalement, finalement. Ça s'est passé d'une façon inhumaine, sans mettre de gants. » Ailleurs, des incendies ont éclaté. Ailleurs encore, on a glissé des enveloppes sous la porte. Et, aussitôt l'appartement vidé, des « dévitaliseurs » entrent en action : « On casse les vitres, témoigne l'un d'eux, on casse les tubes, on casse les toilettes, tout ce qui est salle d'eau, pour éviter que les gens ne relogent dedans.

– Et les logements que vous cassez, ils sont habitables, ou bien ?...

– Oh oui ! C'est des palais dedans, et moi je casse des palais ! Ça me dégoûte, mais qu'est-ce que vous voulez que je fasse ? On est payés pour faire ça, 1 212 € brut. »

Cette « réhabilitation » *manu militari* s'opère, bien sûr, avec l'approbation des décideurs locaux : « On a besoin de gens qui créent de la richesse, estime l'adjoint à l'urbanisme. Il faut nous débarrasser de la moitié des habitants de la ville. Le cœur de la ville mérite autre chose. » Et l'adjointe au logement surenchérit : « Je ne souhaite pas que les six cents familles soient relogées sur place. Le repreneur a l'air de mener la politique qu'on souhaite. » Un souhait qui se réalise, en effet : la plupart des locataires sont éjectés plus au nord, dans les barres HLM, voire dans les caravanes des campings avoisinants. Patrick a ainsi quitté son hôtel meublé, il réside désormais dans un bâtiment de la cité des Oliviers – où il héberge deux « collègues de galère » : « Ils vont réhabiliter pour des étudiants qui ont des sous, analyse-t-il lucidement. Ils vont faire le Centre européen de la culture, pour les bourgeois. Et nous, des gens comme nous, on devait gâcher le paysage. Ils vont mettre des loyers à deux ou trois fois le prix. D'un quartier où y avait des pauvres, ils vont faire un quartier de luxe, et nous là-dedans on n'a plus rien à voir. Alors, on nous met derrière. » Témoignage d'une classe qui, dans cette guerre, perd du terrain...

La violence du processus, sa soudaineté, son volontarisme rendent ici visibles, palpables, un embourgeoisement accéléré et son contrecoup : l'éviction du peuple en périphérie. Le plus souvent, pourtant, la seule loi du marché suffit à transformer, « en douceur », presque « naturellement », des villes entières : à Marseille même, une hausse de l'immobilier qui oscille entre 15 et 20 % par an « modernise » la cité plus sûrement, et plus discrètement, que tous les « dévitaliseurs ».

À Paris, je suis hébergé, gracieusement, pas loin de la République. « Passage de la Fonderie », ça s'appelle – et une après-midi, dans la cour, un visiteur m'a raconté le temps d'avant, le tintamarre des machines, du zinc, les cris, les scies, les allées et venues des bleus de chauffe. Règne désormais un silence de pompes funèbres (que j'apprécie) : c'est qu'il faut, pour accéder à cet îlot, franchir un portail électrique et mémoriser un premier digicode, puis un second, pour pénétrer dans un immeuble. Au rez-de-chaussée, un distributeur de films, un mime corporel et un designer photographique ont remplacé les échoppes des fondeurs. Dans les rues alentour, on peut dîner berbère, sénégalais, toulousain, japonais. On peut se soûler au saké, à la tequila, à divers alcools lointains, ou fumer du narguilé dans des bars branchés. La même métamorphose a déjà frappé – comme un fléau ou comme une grâce, selon les points de vue – la Bastille à Paris, la Croix-Rousse à Lyon, les Marolles à Bruxelles. Autant de « quartiers populaires » qui accouchent de « quartiers bobos » puis « bourgeois », avec des cafés et restaurants du monde entier, des salles de concerts, des boutiques d'art africain, des galeries de peinture contemporaine, etc.

Mais le processus ne se limite pas, loin de là, au cœur des mégalopoles occidentales. Toutes les « capitales régionales », toutes les « préfectures de département » sont désormais contaminées. Même Amiens, où le prix du mètre carré a doublé en sept ans – et c'est dans la moyenne des villes moyennes. Devant l'ancien local de *Fakir*, à la Fosse-au-Lait, la mairie a muré une à une les baraques en parpaings héritées de l'abbé Pierre. « Où veux-tu que je sois mieux qu'ici ? me demandait Ginette, ouvrière du textile à la retraite. Ici, c'est la ville à la campagne. » Puis les voisins ont décampé, elle me montre les débris, les toits de Fibro en miettes, elle se résigne à son tour : « La ville, ils nous ont prévenus trois fois, un monsieur je me méfie. Mais en HLM, ça ne me plairait pas du tout, c'est de ça qu'on a peur. » Un camion a finalement emporté ses meubles, direction Quevauvillers, un « appartement pour personnes âgées », à quinze kilomètres de sa ville. À la place de Ginette, un promoteur a installé son bungalow, où il présente un « programme résidentiel de standing », du « deux pièces au six pièces ». De belles briques bien rouges, sur son panneau, des fenêtres bien ouvertes sur un ciel bien bleu, avec « vidéophone, ascenseur, terrasses-loggias, TV par satellite, garages », et avec les « avantages fiscaux loi Besson ». De quoi nous changer des potagers à l'abandon, des coqs qui bramaient le matin. Et c'est le même « standing » qui pousse partout, à la ZAC la Vallée, à la Hotoie, à Saint-Maurice. Et qui repousse les modestes un peu plus loin.

Même dans les petits patelins, la paix foncière n'est pas assurée tant se répand « la passion des maisons de campagne », comme titre en une *Le Nouvel Observateur* : « Ce n'est plus un engouement, c'est une folie. [...] Et nous ne sommes plus seuls à nous y adonner. L'Europe brumeuse se rue sur nos cottages, nos fermettes, nos mas. Les prix flambent. [...] Alors, où aller ? Où acheter ? » Pour soulager les lecteurs de telles angoisses, « notre équipe spécialisée dans l'immobilier a sélectionné pour vous les régions où l'on peut encore dénicher de bonnes affaires. Affaires de sous ? Pas seulement. Comme le raconte si bien François Nourissier, la maison de campagne, c'est d'abord une affaire de cœur... ».

Ce retour à la terre des nantis, le temps d'un été, s'effectue en priorité vers les horizons ensoleillés, la Provence, la Dordogne, la Corse, vers les garrigues où résonne le chant des cigales. Mais aucun territoire n'échappe plus à cette épidémie.

Pas même le Vimeu, c'est dire.

Même dans ce pays à la fois industriel et rural, « 90 % des ventes en agence concernent des résidences secondaires », rapporte le *Courrier picard* – dont « 30 % sont rachetées par des Anglais et des Belges ».

Tandis que les CSP + (catégories socioprofessionnelles supérieures) cumulent appartement en ville et fermette aux champs, « les enfants d'ici, comme le résume Nicolas Lottin, conseiller général CPNT du canton, n'ont plus les moyens de racheter au prix d'un marché qui a bondi ».

D'autant moins avec des salaires qui stagnent.

Et des places dans les usines qui se raréfient.

Les vaincus, dans cette « guerre des classes », le sont sur tous les tableaux.

Cette lutte pour l'espace, on pourrait l'expliquer par la spéculation, avec un « immobilier » transformé en « produit financier ».

On pourrait, surtout, la rattacher au partage inégal des richesses : entre 1984 et 1994, alors que la France de François Mitterrand optait pour la modernité, pour le libre-échange, pour une Europe ouverte, le revenu des ménages employés n'a pas bougé (0 %). Celui des ouvriers non qualifiés a diminué (– 5 %). Celui des ouvriers qualifiés a légèrement progressé (+ 4,4 %). Les cadres, eux, n'ont pas connu la même austérité (+ 13,2 %). Tandis que les professions libérales ont discrètement ramassé le pactole (+ 38,7 %). Voilà qui permet aux uns de « placer » dans un immobilier de rendement ou de loisir, pendant que les autres peinent à se loger correctement. Et sous le titre « Les cadres : un appartement en ville, une maison à la campagne », les géographes Christophe Guilluy et Christophe Noyé peuvent écrire : « Les cadres et professions intellectuelles supérieures sont les grands bénéficiaires des mutations socio-économiques et urbaines récentes. Depuis vingt ans, le niveau de vie de cette bourgeoisie n'a cessé de s'éloigner de celui des couches populaires. Seuls eux ont aujourd'hui les moyens de se loger en centre-ville ou dans les communes huppées des proches banlieues. »

Mais il y a pire, je le crains, pire que le volet financier de cette ségrégation : c'est l'encouragement qu'elle reçoit. C'est son approbation publique. De Fort-de-France à Millau en passant par Valenciennes, tous les élus locaux, loin de combattre ce tri social, l'accélèrent encore : eux s'échinent à « attirer des cadres ». À Nancy, « les entreprises recherchent un quartier branché et la possibilité d'y attirer des cadres » : la municipalité a donc « créé un guichet unique pour l'"accueil des cadres" », qui vient concurrencer le « CLAC – le Club landais de l'accueil des cadres » (dont l'objet est de « faciliter l'installation et l'intégration des cadres et de leur famille »), tandis que Rouen œuvre à « une mobilité réussie par l'accueil des cadres », qu'Abbeville dispose d'une « cellule d'accueil des cadres », que Roanne organise une « soirée d'accueil des cadres et dirigeants venant d'une autre région », etc. Dans cette bourse aux ingénieurs et consorts, Amiens (et, bien sûr, sa « cellule d'accueil spécialisée »...) peut se vanter, dans la presse, d'un relatif succès, avec « l'arrivée de quelque 600 cadres chaque année ».

Voilà le sens du mouvement, voilà pour qui on construit la ville aujourd'hui – et pour qui on ne la construit pas. Voilà pour qui on investit 25 millions d'euros dans un « Zénith de 5 700 places », avec l'espoir, d'après Gilles de Robien, de « renforcer l'attractivité ». Voilà pour qui on multiplie, dans la rue centrale, les « grandes enseignes », les Nature et Découvertes, Zara, H&M, FNAC, Côté Filles, Comptoir des Cotonniers, etc., pour que « la ville monte en gamme ». Voilà pour qui on bâtit sur une friche un musée d'art contemporain, pour qui on rêve d'avoir « le TGV en ville : on pourrait aller voir des expositions, le soir, à Paris, et revenir juste après ». Voilà pour qui on refait la place de la gare, en moins gris, tant « la première impression s'avère primordiale ». Voilà pour qui on se soucie tant de notre « image », cette obsession d'avoir « une image positive », « une image de modernité unique ». Voilà pour qui, les cadres et eux seuls, pour qui Monsieur le Maire offre une réception à l'hôtel de ville – tandis que l'adjoint à l'urbanisme confirme cette citoyenneté à géométrie variable : « On va accueillir une biobanque, des chercheurs, des laboratoires pharmaceutiques veulent s'implanter... Donc, on va leur bâtir des résidences confortables, ce sont des gens qui ont besoin de calme, d'être bien logés. »

Car les autres, c'est bien connu, n'ont besoin ni de calme ni d'être bien logés. Au contraire, puisque, sans l'avouer, on les relègue. Quand on tape dans Google « cellule d'accueil des ouvriers », des « travailleurs » ou des « intérimaires », on obtient d'ailleurs : « Aucun document ne correspond aux termes de recherche spécifiés. » C'est avec bien moins de ressources, pourtant, qu'eux se déplacent, s'essaient à une nouvelle vie. Mais il faut favoriser les favorisés, qui possèdent déjà l'emploi, l'argent, la résidence, les relations [15]...

Qu'on ne mêle pas la morale à cette injustice : la géographie urbaine traduit simplement, dans l'espace, les rapports de production.

Il fallait des corons aux patrons du XIXe pour fixer près de leurs usines une main-d'œuvre trop vagabonde. Il fallait des HLM, durant les Trente Glorieuses, pour achever l'exode rural, pour amener petites mains et gros bras à portée de mobylette des zones industrielles. Avec un marché du travail ouvert jusqu'à Varsovie, avec des fabriques qui se délocalisent à Dacca ou à Pékin, les prolétaires n'apparaissent plus comme essentiels au fonctionnement économique. Les voilà même, pour beaucoup, « surnuméraires », « inutiles au monde ». Avec un chômage (officiel) à 8 % et plus, avec des études qui se sont démocratisées, aucun problème non plus, côté entreprises, pour recruter des employés et des petits cols blancs. Tous ceux-là, donc, pas la peine de les « attirer » ni de leur promettre une « qualité de vie » conforme à leurs attentes : s'ils travaillent, c'est déjà beau. Reste donc à conquérir une élite, désignée comme « les producteurs de richesses ».

Comme si les autres n'en produisaient pas...

Grand écart

Le zéro ou l'infini.

Tout ou rien.

Des pauvres plus pauvres. Des riches plus riches.

C'est un théorème, il paraît, dit de Heckscher-Ohlin : « À l'ouverture internationale répond une inégalisation interne des économies. » Grâce à la mondialisation, l'échelle des revenus s'étire par les deux bouts : le plancher s'affaisse lentement – tandis que le plafond est sans cesse crevé. C'est amusant, d'ailleurs, à quel point cet argument – la « mondialisation » – sert dans les deux sens.

Quand, dans *Actualité de l'UIMM*, les patrons se félicitent de ce que le gouvernement ait « appliqué strictement la loi pour déterminer les relèvements du SMIC » – autant dire que la hausse du salaire minimum fut minimale –, quand ils préviennent : « De nombreuses années de modération salariale sont nécessaires pour rétablir la compétitivité de la production réalisée sur le territoire national », sur quelle bonne raison économique s'appuient-ils ? Sur la concurrence internationale, bien sûr : « Cette décision s'imposait, compte tenu du niveau atteint par le salaire minimum. [...] Dans l'industrie manufacturière, le coût horaire moyen français atteint 31,8 € en regard de 31,6 € en Allemagne et de 27,3 € dans la zone euro. La supériorité par rapport à la moyenne de la zone euro est de l'ordre de 16,5 %. » Autant à raboter. Et quel « regret » manifeste alors, publiquement, le Premier ministre François Fillon ? « D'avoir augmenté le SMIC sous Raffarin » : « Cela a écrasé les salaires, contribuant d'ailleurs d'une certaine façon à dévaloriser le travail, à dévaloriser l'effort et à dévaloriser le mérite. » C'est un péché, oui, de choyer ses travailleurs pauvres. C'est une faute, dans la globalisation en cours : « Vous voyez, a poursuivi le chef du gouvernement, que je suis capable de porter un regard critique sur l'action que nous avons conduite. » Et que visait-il dans son auto-« critique » ? Le fait de ne pas avoir davantage accablé les vaincus...

La France d'en bas doit donc s'aligner par le bas.

Tandis que la France d'en haut doit s'aligner par le haut :

« Les PDG tricolores au top des rémunérations en Europe », lance *Paris-Match* comme un « cocorico ! ». « Les patrons des grandes sociétés françaises sont les mieux payés d'Europe, confirme LCI, avec une rémunération annuelle de près de 6 millions d'euros en moyenne, mais ils restent loin derrière leurs homologues américains, qui gagnent plus de deux fois cette somme. »

« Golden hellos », « bonus », « stock-options », « jetons de présence », « retraite-chapeau », « golden parachutes » : eux ont multiplié leurs revenus – à la louche – « par vingt en vingt ans ». Et comment justifient-ils cet « envol » ? Par la concurrence internationale, bien sûr. « Le salaire de M. Michel Pébereau, président de BNP-Paribas, se situe, comparé aux salaires mondiaux, tout à fait au bas de l'échelle », affirme son ami Claude Bébéar, dirigeant d'AXA, pour le défendre. Et il sermonne un député socialiste : « Vous suggérez, monsieur Caresche, de plafonner la part variable de la rémunération. Si vous souhaitez une délocalisation des directions d'entreprise, effectivement, plafonnez ! » C'est avec ce refrain aux lèvres que, entrant chez Airbus comme PDG, Noël Forgeard a aussitôt triplé ses appointements : afin d'égaler son concurrent de Boeing. C'est le même couplet, dans un autre registre, que reprenait Nicolas Sarkozy en s'augmentant de 206 % : son « homologue allemande perçoit beaucoup plus ». Une remise à niveau patriotique, en somme.

Entre vainqueurs et vaincus, la « mondialisation » – faux nez d'une « guerre des classes » – ouvre comme une tranchée [16].

Et pas seulement pour les revenus.

Pour les impôts, aussi.

« Le bouclier fiscal à 50 %, CSG comprise, je crois qu'il faut l'inscrire dans la Constitution, pour qu'on ne puisse plus revenir dessus. » Une idée signée Olivier Dassault, mais « je suis tout sauf un fils à papa », encore moins « un petit-fils à grand-papa », assure-t-il. C'est de façon toute désintéressée, alors, à coup sûr, que ce député livre bataille – avec succès – pour abaisser « l'impôt sur les successions en ligne directe », pour « simplifier et alléger la fiscalité sur les revenus », pour abroger l'ISF.

Sa dernière victoire ne remonte pas loin : le 16 novembre 2007. Alors que le gouvernement bataillait ferme contre les « régimes spéciaux » des cheminots, lui et ses amis parlementaires supprimaient – relève *Le Plan B* – « l'impôt de Bourse ». Une taxe, assez insignifiante, entre 0,15 et 0,3 %, prélevée sur les transactions boursières supérieures à 7 668 €. Dassault « petit-fils » avait œuvré discrètement, sans le claironner dans ses médias. Et c'est grâce à des élus comme lui, dévoués à l'intérêt général, que le taux d'imposition sur les hauts revenus, de 91 % aux États-Unis en

1964, de 83 % en Angleterre, de 80 % en France, oscille désormais entre 35 et 40 % dans les trois pays.

Et par quoi remplacer ces défections ? Par des impôts locaux – qui frappent autant les ménages modestes que les foyers aisés. Par la TVA – qui ronge 8 % du budget des pauvres, contre 3 % pour les plus riches. Et si ça ne suffit pas, Olivier Dassault détient la solution : « Tous les Français devraient payer l'impôt sur les revenus » d'après lui, « même les plus modestes », « même les moins favorisés ».

C'est qu'il sait faire des sacrifices, à son tour.

Bénéficier, par exemple, des milliards de la famille.

Remplacer « papa » et « grand-papa » à la direction.

Et c'est une immolation, pour lui : « Ceux qui succèdent à leur père, c'est parce qu'ils ont accepté de se couper un bras ou une main et de ne pas faire autre chose » – du pur dévouement. Jeanne d'Arc au bûcher, les poilus de Verdun estropiés, Jean Moulin torturé : voilà sa lignée, celle des mutilés pour la Patrie.

Et non des héritiers, vainqueurs par leur naissance [17]...

Le bonheur du luxe

« La croissance moderne crée d'énormes inégalités. »

Encore un alter qui vitupère dans *L'Humanité* ?

Non : c'est Serge Weinberg, le PDG de Pinault-Printemps-Redoute, qui dresse ce constat dans le *Herald Tribune*. Sauf que lui s'en réjouit, une opportunité à saisir : « La concentration de la richesse s'accroît et cela donne [aux groupes de luxe] le potentiel pour une croissance plus rapide que par le passé. » Plutôt « de gauche » – ancien directeur de cabinet sous Fabius, il a soutenu Ségolène Royal pendant la présidentielle de 2007 et participé en 2005, comme « grand témoin », à une conférence sur l'égalité à Matignon –, lui conclut : « L'inégalité est un facteur clé de soutien de notre industrie. »

Grâce à cette « inégalité » qui a le vent en poupe, son collègue Robert Polet, le patron de Gucci – une filiale de PPR –, « prédit de belles années au luxe » : « Il y a de plus en plus de riches dans le monde, notamment en Asie. Et les riches sont de plus en plus riches. » Devant tant de bonnes nouvelles, la journaliste du *Monde* n'a qu'une question : « Combien de temps cette période faste va-t-elle durer ? » En réponse, « M. Polet reste confiant et table sur "une croissance de 5 % à 7 % par an pour le secteur du luxe" ». Un bonheur que le lecteur partage, « confiant »...

Ce « faste » (pour quelques-uns) devrait se poursuivre, en effet, d'après les cabinets Capgemini et Merrill Lynch. Eux publient chaque année un *World Wealth Report*, et chaque année revient le même bilan : dans sa « neuvième édition », en 2005, « le nombre de grandes fortunes dans le monde continue de fortement progresser. [...] Le club des millionnaires s'est renforcé de 600 000 nouveaux entrants en 2004. [...] Les avoirs détenus par les millionnaires ont en définitive augmenté deux fois plus vite en 2004 que la croissance économique mondiale ». Dans sa « dixième édition », en plus des « 500 000 nouveaux millionnaires », le dossier offrait un aperçu historique : « Le nombre de grandes fortunes dans le monde a doublé en dix ans et devrait continuer à progresser de 6 % par an d'ici 2010. » Et la « onzième édition » affichait un « retour à une performance forte ». De quoi maintenir « le beau temps sur le marché du luxe » (Boursorama.com), « un marché du luxe [qui] accélère encore », avec « une croissance de 7 % en 2005 après une solide hausse de 5 % en 2004 » (*L'Expansion*). La confiance règne, ici [18]...

« Si plusieurs tailleurs travaillent à l'habit d'un seul homme, remarque Montesquieu, beaucoup d'autres n'auront pas de quoi se vêtir. » Cette « Lumière » ne comprend rien à la « croissance moderne ».

Et que dire de Warren Buffett ? « Si je le voulais, je pourrais embaucher 10 000 personnes pour ne rien faire d'autre que peindre mon portrait pendant le restant de mes jours. Et ça augmenterait le PIB. Mais l'utilité de ce produit serait nulle, et j'empêcherais ces 10 000 personnes de faire des recherches sur le sida, ou d'enseigner, ou de soigner. » Que de manichéisme : comme si chaque caprice des vainqueurs avait son pendant de privations chez les vaincus. Un soin en moins, un illettré en plus, etc.

Combien de soins en moins, alors, pour ces « voiliers de grande plaisance » ?

« J'ai l'habitude de dire : au-dessus de 50 m, c'est un million de dollars du mètre. Donc 50 m, ça fait 50 millions de dollars. Après, ça dépend de l'équipement. L'été dernier, par exemple, on a reçu *Octopus*, qui est un 126 m. Eh bien, dedans, vous avez un sous-marin, un hélicoptère, c'est bourré de jouets... » Vincent Laroque, le *production manager* (ça veut dire « directeur ») de Monaco Marine Group, se montre optimiste : « C'est une période faste [pour lui aussi !] qui dure. On était à 5 000 yachts dans les années 2000-2002, et on doublera en 2010. En sept ou huit ans, on aura doublé. » Du coup, son entreprise a investi à La Ciotat dans un « projet très très ambitieux : la plate-forme de réparation navale la plus importante d'Europe. Et donc on a prévu pour cela de multiples outils, dont un ascenseur à bateaux, qui permettra de faire des refits complets, des aménagements des cabines, mise en place d'une plate-forme hélicoptères... ».

On pourrait épiloguer, encore, sur cet ancien fief communiste qui retape désormais les « jouets » des super-riches.

On pourrait se rendre à Bruxelles, au square des milliardaires, fermé d'une haute grille, et écouter cette dame au volant de sa BMW, adepte du « métissage des cultures », dénonçant les « barrières sociales » comme des survivances du passé, et qui part « au fin fond de l'Amazonie dans quinze jours. Je vais ramasser des noix et des coquillages de fleuve. On aime bien les petites collections, les escargots de terre, les vieux cailloux, des racines, des tas de trucs bizarres. J'en ai plein ma maison, des racines et des cailloux. C'est amusant. Aux Philippines, y a beaucoup de coquillages extraordinaires ».

On pourrait disserter sur leur « mobilité », érigée en valeur morale, eux les « cosmopolites » contre les « immobiles », contre les « nationalistes », contre les « attachés à leur rocher » : « Allez voir ailleurs ! Aux États-Unis ! En Chine ! » me recommandent-ils en chœur, tant le monde leur appartient. Tant, avec leur Golden Card et leurs relations, ils sont à l'aise partout. Quand d'autres peinent, déjà, à se sentir bien ici, chez eux.

Et l'on pourrait alors, par contraste, repasser du côté des modestes : après les lofts « open space », après les cloisons abattues pour faire plus « ouvert », après les quatre mètres de hauteur sous plafond, revenir aux crédits gelés pour les HLM, à ce F3 d'Amiens Nord où un jeune ménage avec bébé vit chez les parents. Le canapé qu'on replie le matin. Les draps qui tombent de l'armoire. Le matelas à pousser dans un coin. Les pièces qui débordent de bras, de jambes, de cris. Des colères pour un rien. Les gosses qu'on envoie dehors. Les nerfs à vif : « Ça rend fou, commente le père. Vivre les uns sur les autres, à l'intérieur, ça rend fou », et lui se saisit la tête à deux mains.

Et l'on pourrait, nouveau basculement, se balader au Salon du millionnaire, où des psychologues soignent une autre folie : « L'une des préoccupations les plus importantes des gens qui deviennent riches, c'est de savoir comment ils éveilleront le sens des responsabilités de leurs enfants avec tout cet argent. Des considérations qui alimentent un marché en expansion : certains gestionnaires de patrimoine offrent déjà des services psychologiques à leurs clients. »

On pourrait poursuivre ce va-et-vient *ad æternam*, des vaincus aux vainqueurs.

Mais là n'est pas la question.

Pas la nôtre, en tout cas.

Pas de prouver la guerre des classes.

Plutôt d'interroger ce silence : pourquoi ne parle-t-on ni de « vainqueurs » ni de « vaincus », ni de « guerre » ni de « classes » [19] ?

Retour au silence

Car après tout, quoi de neuf sous le soleil ?

La lutte entre le Capital et le Travail ne date pas d'hier, ni même de Marx, mais de bien avant. Et que l'un parvienne, s'appuyant sur des transformations géopolitiques (chute de l'URSS), techniques (flux financiers informatisés), économiques (triomphe du libre-échange), idéologiques (la paralysie des nations), que l'un parvienne à chaparder à l'autre une part du gâteau, qu'il se goinfre de montres Patek, qu'il se vautre dans des palais volants ou flottants, c'est un éternel recommencement de l'histoire.

Surprend davantage, en revanche, le mutisme qui entoure ce colossal détournement de richesses, ces 9,3 %, cette « hausse tendancielle mondiale du taux de profit » admise par la BRI, l'OCDE, la CEE, qui inquiète jusqu'à Alan Greenspan, et qui ne fait pourtant jamais la une des infos.

Une omission qui confine parfois à l'exploit.

À l'automne 2007, l'INSEE publiait ainsi une étude sur « la stagnation du pouvoir d'achat », et, jusque dans *Les Échos*, on reconnaissait : « Le revenu salarial net n'a pratiquement pas augmenté depuis ces vingt-cinq dernières années. Il a même reculé entre 2000 et 2005. » En cette année 2007, les entreprises du CAC enregistraient des « profits records » (aux alentours de 100 milliards d'euros). Avec un tel écart entre les revenus des actionnaires et ceux des employés, les médias n'y couperaient pas : il faudrait bien signaler, même entre deux virgules, les 9,3 % du PIB confisqués aux travailleurs.

Ce jeudi 29 novembre, on tendait donc l'oreille, dès le réveil, vers France Inter : à 7 h 20, dans son *Économie* [si peu] *en question*, Jean-Marc Sylvestre expliqua bien sûr les privations des salariés par... les privilèges des salariés ! « Cette stagnation provient de deux facteurs. Un, la baisse de la durée du travail, le passage aux 35 heures, et la multiplication du travail précaire : on a distribué du temps libre. Deuxième explication, la hausse des charges sociales. » Et cet esprit résolu concluait, comme chaque jour, sur « la nécessité d'allonger la durée du travail et la flexibilité ».

À 7 h 50, Brigitte Jeanperrin lui emboîta le pas dans *Global Éco* : « Nicolas Sarkozy est attendu ce soir sur des mesures en faveur du pouvoir d'achat. Mais pour agir sur le long terme, il faut revoir le contrat de travail, les habitudes d'embauche, la fluidité du marché du travail pour créer de la croissance », etc.

Le débat économique était bien encadré. Les rédacteurs des flashes ne s'aventurèrent pas sur le terrain du partage des richesses : le journal de 7 h 30 suggérait, à la place, une « baisse du prix du gaz », voire des « heures supplémentaires », et celui de 8 heures applaudissait au « boom des services à la personne ». À 8 h 30, la revue de presse n'évoquait pas davantage nos méconnus « 9,3 % ». Il est vrai que ladite presse n'en pipait mot...

Le terrain était lissé pour le président de la République. Lui se refusa, le soir même, à la télévision, à « distribuer les cadeaux de Père Noël, car les Français savent bien qu'il n'y a pas d'argent dans les caisses. Je n'ai pas le pouvoir d'augmenter les salaires. Pour donner du pouvoir d'achat, il faut réhabiliter le travail ». Et il proposait de soigner le mal par le mal : en aggravant la « flexibilité » des salariés, horaires variables et dimanche ouvré.

Dès le lendemain, le vendredi 30, donc, tandis que *Le Figaro* se félicitait de « la fin du carcan des 35 heures », *Les Échos* faisaient l'éloge de Nicolas Sarkozy pour son « habileté » : « Il a tracé le programme des réformes pour les prochains mois – assurance maladie, marché du travail. » La routine de la « croissance moderne ». Quelques pages plus loin, toujours dans *Les Échos*, on découvrait ces informations : « Grande plaisance : la course au luxe », car « les millionnaires, toujours plus nombreux, sont lancés dans une course sans fin au plus grand, au plus beau, au plus luxueux yacht. [...] Dans ces châteaux des temps modernes, le robinet à 8 000 € plaît beaucoup ! » Au verso, on tombait sur un papier intitulé : « Les hôtels particuliers ont la cote » grâce à « la mondialisation [qui] crée de plus en plus de multimillionnaires ». *Le Figaro* consacrait également, le même jour, un supplément au « meilleur du Salon nautique ». Et *Le Monde* présentait, lui, des chaises à « 9 397 € » l'unité.

Mais pas le moindre lien, forcément « démagogique », entre le « pouvoir d'achat » en berne à la une et cette autre actualité, bien plus réjouissante [20]...

*

Toute notre question tient là, dans ce trait qui n'est pas tiré.

Dans cette étanchéité entre les deux rubriques : des vainqueurs et des vaincus si proches, à quelques photos d'intervalle, et personne ne les relie comme une cause et sa conséquence. Personne ne dénonce, dans ces colonnes, une éclatante « guerre des classes ». Comme s'ils vivaient sur deux planètes différentes, dans deux univers parallèles.

Il serait doux de reprendre, ici, le procès du parti de la presse et de l'argent, de ces chroniqueurs libéraux mondains, de ces journalistes bourgeois guère enclins à la rébellion, de ces marchands de béton et de canons qui censurent l'information, de citer Jack London qui résumait déjà : « La presse quotidienne, c'est l'escamotage quotidien. »

Mais on s'en tirerait à bon compte, je le crains.

Car le mal est plus profond.

Car le mutisme devant cette « guerre des classes » frappe aussi, surtout, les supposés défenseurs des « vaincus ».

La gauche.

Et c'est son silence, d'abord, plus que tout, qui assourdit.

DEUXIÈME PARTIE

Dans la gauche
Omission

LE PRÉSIDENT : *Vous êtes je crois conseiller juridique des aciéries Kremer... (Le député proteste des bras.) Je ne vous le reproche pas.*

LE DÉPUTÉ : *Vous êtes trop bon !*

LE PRÉSIDENT : *Je vous reproche simplement de vous être fait élire sur une liste de gauche et de ne soutenir à l'Assemblée que des projets d'inspiration patronale.*

LE DÉPUTÉ : *Il y a des patrons de gauche, je tiens à vous l'apprendre !*

LE PRÉSIDENT : *Il y a aussi des poissons volants, mais qui ne constituent pas la majorité du genre !*

Le Président, film d'Henri Verneuil.

Tout est non dit en une scène. Avec Marie-Hélène Bourlard comme héroïne.

C'était dans l'émission *À vous de juger*, sur France 2. Ségolène Royal posait entre les portraits géants de ses deux modèles – Jeanne d'Arc et François Mitterrand. Assise dans le public, la déléguée CGT du Nord l'interpelle : « Moi, demain, je vais perdre mon travail, comme les 147 salariés de ECCE vont perdre leur travail cette année, donc si y a pas de règle européenne, c'est délocalisé dans les pays de l'Est. Concrètement, qu'est-ce que vous allez faire ? » La candidate lui répondit par un charabia à base de « comme il y aura un dialogue social de qualité, vous pourrez tirer la sonnette d'alarme beaucoup plus tôt et les entreprises seront priées de rendre des comptes sur les raisons pour lesquelles elles délocalisent. Et donc nous serons en capacité d'anticiper un certain nombre de choses et de mettre les entreprises devant leurs responsabilités ».

C'était caricatural, pourtant : l'homme le plus riche de France dégageait des ouvrières payées au SMIC pour trouver moins cher en Pologne, mais voilà qui ne soulevait pas l'ire de la socialiste. Voilà qui ne l'inclinait pas à des décisions hardies. Voilà qui ne la faisait sortir ni de ses gonds ni de sa logorrhée. La syndicaliste eut beau la relancer d'un : « Mais concrètement, vous ferez quoi avec l'Europe ? », elle n'hérita que d'un vague : « Je vais vous dire une chose, le jour où il y aura le dialogue social, le jour où les entreprises seront obligées de tenir compte de l'intérêt général, et où les pouvoirs publics seront alertés suffisamment tôt, il y a des choses qu'on pourra empêcher. »

Et même dans les coulisses, après, hors caméra : « Je l'ai accrochée, raconte Marie-Hélène. "On ne va plus avoir d'usines en France, vous ne répondez pas à la question..." Tout ce qu'elle a dit, c'est que la Turquie, elle va rentrer dans l'Europe. Qu'est-ce qu'on en a à foutre, de la Turquie ? Je lui ai dit qu'elle m'avait pas convaincue de voter pour elle au deuxième tour. Elle ne répondait pas, hein. »

L'interlocuteur suivant fut plus verni. Il est vrai qu'il s'exprimait avec plus de galanterie : Geoffroy Roux de Bézieux, qu'Arlette Chabot présenta comme le « président de Croissance Plus », par ailleurs « dirigeant de PME ». C'était beaucoup d'humilité : sur sa page Wikipedia, on découvrait un CV nettement plus fourni. « Directeur général de Virgin Mobile France », il siégeait au « conseil de surveillance de Peugeot-Citroën », le MEDEF le propulserait bientôt à la direction de l'UNEDIC, et il se flattait – mais pas en direct devant la France – de « gagner 300 000 € par an ». C'est ainsi : jadis, les archevêques cachaient leur corruption derrière la simplicité des curés de campagne ; désormais, les oligarques et leurs supplétifs se griment en gentilles « PME » de province. Cet invité trop modeste félicita la candidate :

GEOFFROY ROUX DE BÉZIEUX : Vous avez beaucoup évoqué « réconcilier les Français avec l'entreprise », et y a pas un chef d'entreprise en France qui ne peut pas être d'accord avec ça. Mais on ne peut pas aimer l'entreprise sans aimer aussi les gens qui entreprennent, les riches, qui créent des emplois dans ce pays. Alors est-ce que vous êtes prête, sans tabou, sans dogme, à regarder une simplification pour les PME ?

SÉGOLÈNE ROYAL : Mais oui, bien sûr.

GEOFFROY ROUX DE BÉZIEUX : Et même sur le Code du travail ?

ARLETTE CHABOT : Le Code du travail, ça veut dire quoi ?

GEOFFROY ROUX DE BÉZIEUX : Eh bien, vous avez je crois une mesure qui dit « on va pénaliser les entreprises qui embauchent en CDD et récompenser les entreprises en CDI ». Moi, je suis dans les télécoms, je ne sais pas combien de clients j'aurai dans six mois...

SÉGOLÈNE ROYAL : Vous aurez déjà les emplois tremplins. Si vous avez besoin d'exporter ou d'un service, si vous avez besoin d'un jeune très diplômé, ce jeune va être payé six mois et mis à la disposition de l'entreprise. C'est ce que je fais déjà dans ma région...

GEOFFROY ROUX DE BÉZIEUX : Et je vais pouvoir le licencier ?

SÉGOLÈNE ROYAL : Il n'y a pas de licenciement, pour ainsi dire. Deuxièmement, les exonérations de cotisations seront liées à l'effort fait pour l'emploi. Troisièmement, je suis prête à baisser l'impôt sur les bénéfices s'ils sont réinjectés dans l'entreprise. Alors je ne peux pas vous dire mieux, c'est déjà pas mal...

C'était « déjà pas mal », en effet : à ce patron, la candidate offrait autre chose que du « dialogue social de qualité ». Du « concret », pour le coup, du sonnant et trébuchant. Le tout agrémenté, bien sûr, de « je pense qu'il faut que la France sorte de la culture de l'affrontement pour construire ensemble de la valeur ajoutée », « l'entreprise a besoin de souplesse et d'agilité », etc. [21].

Oublis en série

Cet échange résumait toute une campagne.

En pleine présidentielle tombait cette information :

« Ensemble, les 40 stars de la Bourse ont dégagé des bénéfices en hausse de 15 % en 2006. Jamais ces sociétés n'avaient gagné autant d'argent, ni dégagé une telle rentabilité. Dans le même temps, elles comptent augmenter leurs dividendes de 35 %, preuve de confiance en l'avenir, mais aussi de leur volonté de mieux soigner les actionnaires. »

La nouvelle avait paru dans *Les Échos* du 14 mars 2007, mais, dès l'automne, *L'Expansion* avait craint le pire : « Cent milliards d'euros : c'est le chiffre, rond jusqu'à l'insolence, qu'atteindront les bénéfices des sociétés du CAC 40 en 2006. Nul doute que ces "superprofits" vont s'inviter dans la campagne électorale et relancer la question du partage des fruits de la croissance. Car si les multinationales croulent sous les bénéfices, les créations d'emplois en France restent rares, les fiches de paie sont toujours en hibernation, et les projets d'investissement sortent timidement des cartons. »

Trois mois plus tard, *Le Monde* redoutait à son tour une controverse antifinance : « Ces "mégadividendes" ont de quoi choquer, comparés à la progression des salaires du secteur privé (autour de 3 %). Ils risquent d'alimenter la polémique sur une économie privilégiant les "rentiers", alors que la part des salaires dans la valeur ajoutée ne cesse de baisser depuis le début des années 1980. »

Mais c'était se faire beaucoup de souci pour rien.

Car la bombe sociale n'a pas éclaté : ces « superprofits » ne se sont qu'à peine « invités dans la campagne ». Ces « mégadividendes » n'ont alimenté aucune « polémique sur une économie privilégiant les rentiers ».

La gauche ne s'est pas saisie de cette aubaine. Et c'est

cette absence dans le discours, cette béance dans le vocabulaire, qu'il faut éclairer ici[22].

« Cent milliards. »

Mon fichier contient 42 harangues de Ségolène Royal. 321 pages. 168 802 mots. Il suffit donc d'un « CTRL + F » pour le vérifier : nulle part ne sont cités ces « cent milliards » de « superprofits », pas plus que ces « quarante milliards » de « mégadividendes ». La candidate se réfère encore moins aux « 9,3 % du PIB » qui ont glissé, en vingt ans, du Travail vers le Capital, soit entre « 150 et 170 milliards d'euros ». Jamais. Pas une seule fois.

Non, « milliards », chez la socialiste, renvoie à « la Sécurité sociale grevée par plus de 80 milliards de déficits cumulés », à un « endettement public qui est passé de 900 à 1 200 milliards d'euros en moins de cinq ans », à un « déficit cumulé des comptes sociaux de plus de 60 milliards d'euros depuis 2002 », à un « déséquilibre historique de la balance commerciale de 30 milliards d'euros », etc. Le chant des « caisses vides ». De quoi préparer à l'austérité pour tous, aux réformes, aux sacrifices. Et surtout pas aux batailles à mener, jamais achevées, pour de nouvelles conquêtes – et pour maintenir les anciennes.

Mais quelle « bataille » ? Si Ségolène Royal s'engage à « lutter » (137 occurrences), c'est contre des problèmes sans responsables ni coupables : « la lutte contre toutes les formes d'insécurité », « la lutte contre le décrochage scolaire », « la lutte contre la vie chère », etc. Et jamais contre un « adversaire », elle qui proclame d'ailleurs : « Je ne désignerai aucun ennemi. »

De fait, à aucun endroit le « rentier » n'apparaît. La « finance », elle qui triomphe, n'est nommée que deux fois. L'« actionnaire » survient bien à neuf reprises, mais c'est toujours autour de l'affaire Airbus, et presque toujours pour fustiger un « État qui se désengage et qui refuse son rôle d'actionnaire ». Aucun terme – ni « spéculateur », ni « patronat », ni « deux cents familles », ni « CAC 40 » – ne dénonce aux électeurs la force sociale à combattre, la « classe » à faire reculer par leur bulletin de vote...

Car il n'existe plus de « classe » dans cet imaginaire-là : la « classe ouvrière » est bien mentionnée une fois, et l'on précise même que « ce sont ses combats qui ont forgé le droit social d'aujourd'hui », mais au passé. Et « aujourd'hui », justement, en notre époque moderne, ces « divisions » malsaines sont périmées[23]...

Le couteau entre les dents a changé de camp.

Il est passé à droite, et c'est la droite qui – d'après Ségolène Royal – use d'un « langage de division », la « division agressive entre les Français », avec « des clans, des clivages, des conflits, des oppositions exacerbées, qui dressent les uns contre les autres », qui montent – rendez-vous compte ! – « les chefs d'entreprise contre les salariés, les salariés contre les chefs d'entreprise ». Quand des lèvres de la gauche ne coule désormais que du miel : « Aimer son pays, c'est le vouloir meilleur. Aimer son pays, c'est l'écouter, le rassembler », car « la France présidente, au contraire de tout cela, c'est la France qui se rassemble, forte de tous les siens et fière de ses valeurs partagées, c'est la France qui mobilise tous ses talents, toutes ses énergies, qui tire tout le monde vers le même horizon », etc. Dans cette « France rassemblée », on ne distingue plus de riches plus de pauvres, plus d'exploiteurs plus d'exploités, plus d'actionnaires plus de salariés, juste un « pays » indistinct et uni, des Français qui « s'aiment » les uns les autres.

La dame en blanc va tout « réconcilier » (53 occurrences) : « réconcilier le local et le global », « réconcilier l'Europe du oui et l'Europe du non », et surtout « réconcilier la France avec les vrais entrepreneurs ». Cette « réconciliation avec l'entreprise commence dès l'école », et elle permettra la « juste réconciliation entre le progrès social et le progrès économique », « la réconciliation entre l'efficacité économique et la protection sociale », etc. Avec cette concorde universelle, les antagonismes de classes sont désormais abolis, les « intérêts contradictoires » vont s'évaporer. Et triomphera alors, dans la France « moderne » (72 occurrences), « l'intérêt général », « l'intérêt bien compris des entreprises et de la nation » : grâce au « pari de l'intelligence collective et de la capacité des Français à définir ensemble un intérêt général sans perdants et sans humilier », ce sera un grand jeu « gagnants-gagnants ». Et cesseront alors ces vilaines « confrontations », se dissipera « tel ou tel rapport de forces » pour que règne l'harmonie. Ainsi va la vie en rose...

Mais comment, dans un pays qui a connu les grèves du printemps 2003, le vote contre la Constitution européenne en 2005, les manifs contre le contrat première embauche en 2006 – sans même remonter au blocage généralisé de décembre 1995 –, comment mener cette « réconciliation » nationale ?

Par le « dialogue », d'abord : la magie du verbe, la pommade des mots doux vont réparer les fractures, dissoudre les « intérêts particuliers ». D'où le « débat participatif », un condensé de cette mythologie.

Qui était – et ce choix a manifestement valeur de symbole –, qui était le premier intervenant de la première grand-messe de la campagne, à Strasbourg, à la veille de Noël, le 20 décembre 2006 ? Un « jeune dirigeant d'entreprise », mais qui a « des choses à dire sur le dialogue social », sur « la responsabilité sociale de l'entreprise », sur « la recherche d'un équilibre viable entre les collaborateurs, les actionnaires et l'entreprise », bref : un gentil patron. Et qu'imaginait-il « pour maintenir cet équilibre » entre « collaborateurs » et « actionnaires » ? Des lois pour limiter les

« superprofits », les « mégadividendes » ? Non : « Il faut évidemment du dialogue. »

Jean-Marc Ayrault, président du groupe socialiste à l'Assemblée, enchaînait à son tour. Quelle est, pour lui, la priorité ? Un « rapport de forces à construire » ? Évidemment pas : c'est « le dialogue social dans l'entreprise », « insuffisant en France », qu'« il faut renforcer », parce que « quand il y a un dialogue social, ça marche mieux ».

Et Ségolène Royal conclura la soirée par un : « Je voudrais vous dire que ce débat doit se poursuivre. Chaque élu ici présent, chaque président d'association, chaque citoyen, chaque salarié aussi, doit être en mesure à son tour d'organiser des débats participatifs comme celui-ci, à dimension variable bien sûr, car le moment est venu de prendre la parole. » Le débat débouche sur mille débats : on se parle, et tout va déjà mieux.

Quant à l'économie, plus précisément, comment adviendra cette « France réconciliée, apaisée, en marche » ?

C'est la « croissance » qui sert de remède miracle. Une « croissance durable », une « croissance coordonnée », une « croissance dynamique et créatrice d'emplois », une « croissance » obsessionnelle – qui revient 70 fois. Et Ségolène Royal la prophétise comme une résurrection : « La croissance repartira de l'avant et la France se relèvera. » Alléluia !

On nous a tant seriné ce refrain, cette quête de « croissance », de Giscard à Rocard, de Raffarin (« Nous avons tout fait pour le retour de la croissance, et aujourd'hui la croissance est de retour ») à Juppé (« Ça sera plus facile demain avec le retour de la croissance »), jusqu'à Sarkozy (qui veut « arracher un point de croissance ») et Attali (qui formule « 316 propositions pour la libération de la croissance »), on s'est si bien accoutumé à cette « croissance » promise comme une aube nouvelle que sa fonction idéologique s'est estompée.

Le paradoxe, pourtant, c'est que la croissance est là.

Depuis toujours, depuis vingt-cinq ans, depuis qu'on nous rabâche « la France est frappée par la crise », la croissance tourne tranquillement aux alentours de 2 % : trop « molle », répliquent les analystes. Et se diffuse alors cette croyance résignée : avec cette croissance à 2 %, toute conquête sociale serait impossible. Elle rendrait même « inéluctables » des reculs en série ! Juste un détail : cette croissance « molle », à 2 %, correspond à la moyenne observée au cours du XXe siècle, hors Trente Glorieuses. Un siècle qui ne se priva ni de progrès humain ni de bâtir des protections salariales. Désormais, la justice sociale devrait néanmoins patienter, espérer une improbable hypercroissance à 4, 5, 6 %, voire plus...

Comme le dévoile un intellectuel : « Il est un mythe savamment entretenu par les économistes libéraux selon lequel la croissance réduit l'inégalité. Cet argument permettant de reporter à plus tard toute revendication redistributive est une escroquerie intellectuelle sans fondement. » Qui formule cette remarque ? Jacques Attali. Mais c'était en 1973. Depuis, lui a rejoint les « économistes libéraux », il en a pris la tête même, répandant comme jamais cette « escroquerie intellectuelle sans fondement ». Ni de droite ni de gauche, ou des deux à la fois, symptôme de cette impensée économique homogène : cet expert conseillait la candidate PS durant la campagne, avant que son rival de l'UMP ne l'emporte et ne lui commande un rapport...

Prier à voix haute avec Ségolène Royal, dès lors – « Je le crois de toute mon âme, nous avons les moyens de relancer la croissance et la machine économique, je veux réconcilier les Français avec l'entreprise. C'est ce que j'appelle les convergences positives » –, implorer cette « croissance » mains jointes, c'est éviter une autre question, presque taboue désormais : la répartition des richesses produites. Grâce à la « croissance » sont surmontées les « divisions » : des sectaires voudraient partager le gâteau ? Non, il suffit de l'agrandir ! Et la grande médiatrice nous livre alors cette recette consensuelle : « Nous relancerons la croissance économique parce que nous réconcilierons les intérêts des entreprises avec les intérêts des salariés. Voilà la clé du développement économique. Je le ferai en modernisant le dialogue social, et on sait bien que c'est là que se trouvent les ressources de valeur ajoutée et de productivité. »

Plus de vainqueurs ni de vaincus, plus de répartition : juste du « dialogue » (à « moderniser ») et de la « croissance » (à « développer »)[24].

Cette nullité critique, un dossier – parmi cent autres – l'a démontrée clairement : Airbus.

Qu'on récapitule sommairement.

Le festin, d'abord, côté actionnaires : des dividendes qui doublent entre 2002 et 2005, le cours en Bourse qui grimpe de 70 %, les stock-options des dirigeants qui explosent, les « managers » trempés dans des délits d'initié, les groupes Lagardère et Daimler qui en tirent des plus-values géantes, bref, un banquet d'euros qui se chiffre en milliards.

Des travailleurs maintenus à la diète, sur l'autre versant : un quasi-gel des salaires, une prime d'intéressement réduite à néant, une participation ramenée de 1 500 € à 2,88 €, et surtout le plan Power 8. Qui supprime 10 000 postes en Europe – dont 4 300 en France. Plus la cession, prévue, de trois sites à des sous-traitants.

Ce feuilleton se déroulait pendant la présidentielle.

Un nouveau don du ciel, donc, pour la gauche.

Qu'attendait-on alors de sa candidate ? Qu'elle rappelle, par exemple, que l'Aérospatiale nationalisée fonctionnait bien mieux qu'EADS privatisé. Qu'elle fasse de ce cas particulier un cas d'école dans la « financiarisation de l'économie », qu'elle dénonce dans Power 8 une délocalisation déguisée, effectuée comme dans tant d'autres boîtes non pour « sauver l'entreprise », mais pour satisfaire la « rentabilité » des actionnaires. Qu'enfin – tant qu'à rêver ! – elle replace cet épisode dans une guerre des classes qui se mène pour l'instant à sens unique, avec des profits qui abondent (mais jamais suffisants) et des salaires qui stagnent (mais toujours trop élevés).

Qu'entendit-on, à la place ?

Ségolène Royal suggéra qu'il fallait « anticiper les mutations », créer une « agence nationale de réindustrialisation », « autoriser juridiquement les Régions à entrer au capital d'EADS », puisqu'elles auraient installé un « rapport de forces presque moral » avec la firme. Et sur ce terrain-là, celui de la « morale », des « valeurs », nul ne pouvait battre l'équipe surentraînée du PS : leur cheftaine s'en prit au parachute doré de Noël Forgeard (« un scandale », « une provocation »), tous exigeaient de « moraliser les stock-options », tandis que Michel Rocard plaidait : « Et si l'affaire Airbus était d'abord une affaire morale ? », avant d'évoquer des « responsabilités éthiques », l'« éthique de l'action publique », l'« ordre de l'éthique ».

Des lamentations qui invitaient aux larmes plus qu'aux armes [25].

Le PS nous avait habitués à ses reniements d'après élections, « réalisme » oblige. Cette fois, sa candidate a devancé l'appel. Car exhorter à la « réconciliation » et aux « convergences positives » alors que, depuis trente ans, les salaires stagnent, alors qu'une génération de précaires est écrasée sous le talon de velours de la « flexibilité », alors qu'au sommet s'accumulent « superprofits » et « mégadividendes », voilà qui relevait déjà d'une trahison en rase campagne. Prolétaires de tout le pays, tendez l'autre joue ! Mais elle délivra encore mieux : des encouragements aux puissants.

Au printemps 2007, en une de l'hebdomadaire *Challenges* et sur toutes les affichettes des bars-tabacs, on pouvait lire sous sa photo : « Ségolène Royal face aux patrons : "Faites des profits, augmentez vos revenus !" » Comme si, pour mener cette guerre des classes, ils avaient attendu sa souriante permission...

BALAYAGE DE L'HISTOIRE

Ségolène Royal apporte, certes, sa touche personnelle : la mystique d'une communion universelle. Mais la candidate n'a rien inventé de cette confusion. Elle reflète juste le vide idéologique du PS – comme le miroir grossissant d'une absence. Elle marque une étape, une de plus, sur le chemin du néant : « La gauche a gouverné pendant vingt ans d'affilée et ses idées d'origine, son fond de pensée, ont été balayés totalement, se réjouit le banquier (socialiste) Jean Peyrelevade. Elle a perdu 100 % de sa pensée économique. » La tornade du pragmatisme est passée – qui n'a laissé derrière elle que l'immense désert du renoncement.

Il faut retracer ici, peut-être, cette hémorragie des convictions. Car on s'est tant habitué aux platitudes passe-partout – de la « France unie » version Mitterrand 88 à la « France présidente » variante Ségolène 2007 – qu'on en a oublié le « fond de pensée », « balayé » aussi des mémoires. Ou plutôt, non : on en a oublié que ces « idées d'origine », aujourd'hui marginalisées, rangées à l'extrême extrême gauche, appartiennent à la gauche tout court.

Années 70, les choses sont simples.

C'est le temps du « combat de classes », comme l'énonce

Georges Marchais dans son introduction au *Programme commun*, l'époque de « l'Union populaire, l'union aux côtés de la classe ouvrière des techniciens et des ingénieurs, de l'immense masse des paysans, des employés, des petits commerçants », parce que « eux et nous, nous n'avons qu'un seul et même adversaire – le grand capital ». Et François Mitterrand n'est pas en retard d'un prêche marxisant.

À la porte de Versailles, en décembre 1972, il donne le coup d'envoi des législatives avec une diatribe contre « les maîtres de l'argent, l'argent, l'argent, les nouveaux seigneurs, les maîtres de l'armement, les maîtres de l'ordinateur, les maîtres du produit pharmaceutique, les maîtres de l'électricité, les maîtres du fer et de l'acier, les maîtres du sol et du sous-sol, les maîtres de l'espace, les maîtres de l'information, les maîtres des ondes. Nous ne ferons pas payer cher le malheur de tant de siècles. Mais pour l'argent, l'argent, toujours l'argent, alors c'est vrai : il ne faut pas trop qu'ils y comptent ».

C'est sur ce ton belliqueux que, de campagne présidentielle en élections municipales, le premier secrétaire du PS traverse la France et la décennie. À Toulouse, il attaque le « patronat de droit divin » et défend l'« OS dominé, opprimé, poussé à la révolte » : « C'est une lutte de classes entre ce petit groupe de privilégiés et la masse des salariés. » Une « lutte des classes » qui s'insinue dans toute la vie, jusqu'à opposer l'« oreille du riche » et l'« oreille du pauvre », la « musique du riche » et la « musique du pauvre » ! Il puise son inspiration chez Dickens : « Et le pauvre, il ouvrira sa fenêtre sur quelle rue ? Dans quel entassement ? Avec combien d'étages au-dessus ? Combien de béton en face ? Combien de mètres carrés ? Et le papier mâché des murs par où passe le soleil l'été, la pluie et les frimas l'hiver, parce qu'il y a un froid pour les pauvres et une chaleur pour les riches ! » Les nouveaux misérables avaient trouvé leur Jean Valjean...

Lors des meetings, ces tirades sont émises sans emportement. Elles ne montent pas du ventre, des tripes, enfiévrées, grosses de colère. Au contraire, elles sont entrecoupées de silences, on dirait que l'orateur les cherche. L'« OS dominé, opprimé » ne prend pas chair, il demeure un archétype, et François Mitterrand peine à nous restituer cet homme, ses envies, ses frustrations : sa description cesse après deux adjectifs. Est-ce parce qu'on connaît déjà la suite de l'histoire – et ses débuts aussi ? Dans ces hésitations, on sent que le tribun se force. Que dans ses prédications contre le « grand capitalisme » se mêle beaucoup de tactique à un peu de bonne foi.

Qu'importe son insincérité : c'est la voix de la gauche qu'il exprime alors. C'est elle qui, à travers lui, réclame – à Compiègne, cette fois – que s'élève une « conscience de classe » : « Nous sommes entourés à tout moment par une propagande qui retarde la prise de conscience : ceux qui souffrent des injustices de la société n'ont pas toujours conscience des causes de leur malheur. La tâche des partis politiques, c'est une tâche pédagogique qui consiste à expliquer, expliquer, expliquer. » À « expliquer » que « le socialisme, c'est la libération de millions et de millions de gens, qui sont emprisonnés dans la prison de la société, qui sont emprisonnés dans les transports en commun, qui sont emprisonnés par des logements misérables, qui sont emprisonnés par des bas salaires, qui sont emprisonnés par l'absence du temps de vivre. Nous essayons de libérer les opprimés, les aliénés, dans une société où les forces économiques sont toutes-puissantes ».

Au second tour de la présidentielle, en 1981, 74 % des ouvriers lui apporteront leurs voix[26].

Années 80. Les choses vont vite devenir plus « complexes ».

Dès 1983, à vrai dire, s'opère comme un demi-tour

droite : « Il faut être cruel » – ou « brutal », selon les sources –, confie le président à un Pierre Mauroy soucieux de tempérer la casse industrielle. Chantiers navals, charbons, acier, automobile : tout passe, dès lors, pan par pan, à la moulinette des restructurations.

En même temps qu'il assène ces coups de massue, François Mitterrand change de rôle, et de doctrine : « La lutte des classes n'est pas pour moi un objectif, jure-t-il maintenant. Je cherche à ce qu'elle cesse ! » Le voilà qui endosse l'habit du « rassembleur » : « Se réunissent peu à peu les conditions d'une trêve des classes, et ensuite d'une paix des classes. Et tout mon effort tend, à moi, comme président de la République française, sans oublier rien des différences qui existent, des privilèges et des oppositions, c'est de parvenir à réduire cet antagonisme pour réaliser l'union ou le rassemblement des Français pour le redressement national. » Le chômage allait croître de 25 % en un an. Les premiers contrats précaires, dits TUC – travaux d'utilité collective –, seraient votés en décembre 1984. Et, pour Noël 1985, les Restos du Cœur ouvriraient : autant d'indices, à l'évidence, que « les conditions d'une trêve des classes » étaient réunies...

Ainsi va l'histoire, oiseau moqueur : il aura fallu que la gauche gagne une élection pour qu'elle perde tout. Pour qu'elle abdique son principe en direct sur TF1. Pour qu'elle signe une « paix des classes » dans les mots – à l'heure où la « guerre des classes » redouble dans les faits. Et tous ses « efforts » visent non plus à « réduire cet antagonisme » pour de bon, par une quête de l'égalité, mais à l'effacer des imaginaires, à éliminer la « lutte des classes » du débat politique, à désarmer ses propres troupes, les « travailleurs » – qu'on ne qualifiera plus d'« opprimés » ni d'« aliénés ». Qu'on n'appellera même plus « travailleurs », d'ailleurs.

L'année 1984 parachève cette « modernisation ».

Tandis que les sidérurgistes lorrains s'attaquent au château du « maître des forges », tandis qu'ils affrontent les CRS dans les rues de Paris, à peine nommé, dans sa déclaration à l'Assemblée nationale, le nouveau Premier ministre Laurent Fabius enfile les habits neufs du président Tonton et sermonne les rétrogrades : « La dénonciation systématique du profit est désormais à ranger au magasin des accessoires. » Une nouvelle ère s'ouvrait : à la « lutte des classes » succédait l'autre « bataille », « la bataille de la compétitivité et de l'emploi », une « bataille » qui supposait « l'engagement des salariés », car « les entreprises doivent bénéficier du soutien de l'ensemble du pays ».

Tout est là, déjà – y compris la « réconciliation » à sens unique. Et si, dans ces paroles, résonne encore le François Mitterrand d'avant, c'est le François Mitterrand qui imitait la voix de la « droite » : « Il a fallu, proclamait-il à la veille de son élection, il a fallu que les hommes et femmes de cœur se battent contre la société dirigeante pour obtenir que les enfants de dix ans cessent de travailler quatorze heures par jour dans le fond de la mine, quelquefois les poignets attachés aux machines. Mais quand on disait cela, nous la gauche, que nous répondait la droite ? "Vous avez peut-être raison, c'est humain, mais le moment n'est pas venu. Vous n'avez pas le droit de laisser la France supporter la concurrence extérieure. Il faut gagner la bataille industrielle." Et chaque fois, ç'a été comme ça. Quand la semaine de travail est passée à 60 heures, même débat. Quand c'est passé à 48 heures au lendemain de la guerre de 14-18, même débat. Et quand Léon Blum a décidé de l'abaisser à 40 heures, la même discussion qu'aujourd'hui a eu lieu. » Son camp s'est rangé aux arguments des « maîtres » et livre en priorité la « bataille industrielle »...

Les deux partis tombent désormais d'accord : « Les socialistes font le nettoyage que nous n'avons pas su faire », concède Alain Juppé – pendant que Laurent Fabius, en 1986, au terme de son passage à Matignon, se targue d'avoir effectué « le sale boulot, qui n'avait pas été fait avant » : « C'est la gauche et c'est son courage et c'est son honneur de l'avoir fait. »

Il peut se flatter de son bilan, en effet : après dix ans de mitterrandie, « les indicateurs de 1990, comparés à ceux de 1981-1982, valent alors à la France le prix du monétarisme », note le pourfendeur de cette décennie, François Cusset. Mieux que la Grande-Bretagne de Margaret Thatcher, mieux que l'Allemagne d'Helmut Kohl, selon deux notes de l'INSEE : « Plus faible progression des salaires industriels (de 1982 à 1993, la part des salaires en général dans le PIB chutera même de 9 points tandis qu'augmente de 7 points celle du profit), plus fort maintien du taux de chômage (9,5 % en 1990), plus fort endiguement du déficit budgétaire, et meilleure amélioration de la balance commerciale. » On projetait une « rupture avec le capitalisme », voilà qu'on finit premiers de la classe. D'autant mieux notés qu'on assiste à une « explosion boursière sans précédent » : « De 1983 à 1993, la Bourse de Paris, stimulée d'emblée par les réformes de structure impulsées par les gouvernements Mauroy puis Fabius, aura vu sa capitalisation passer de 225 à 2 700 milliards de francs pour les actions. »

La face cachée de cette brillante gestion n'est dévoilée, dans un rapport du Centre d'étude des revenus et des coûts, qu'en minuscules : « Le nombre des ménages les plus pauvres s'accroît deux fois plus vite que la population. » Et la conclusion tombe : « Dans la concurrence exacerbée, se sont le mieux défendus ceux qui avaient une situation acquise », tandis que, « depuis le début des années 80, la situation financière des plus démunis s'est aggravée ».

Mais qui évoquerait encore une « guerre des classes » ?

Pas l'Élysée, en tout cas : à la veille des élections législatives de 1986, alors que le pays compte 2,5 millions de chômeurs, François Mitterrand annonce à la télévision : « Notre grande priorité est l'inflation. » Quelques années s'écoulent, la barre des trois millions de « demandeurs d'emploi » est désormais franchie : « Il n'y a pas d'autre alternative, énonce alors un président résigné. Contre le chômage on a tout essayé. » Une « alternative », en tout cas, qu'il n'essaiera plus, c'est le « socialisme » : dans sa *Lettre à tous les Français* – 59 feuillets adressés aux électeurs pendant la campagne présidentielle de 1988 –, sur les 18 423 mots de la missive on ne rencontre pas une seule fois ce terme...

La « trêve des classes » signée, la France était devenue « unie ». Tellement « unie » que François Mitterrand instaurait le RMI : la pauvreté durable comme symbole de son second mandat [27]...

Ce règne mitterrandien a curé les consciences socialistes, une tornade idéologique.

« Pourquoi les mots “front de classe”, “autogestion”, “rupture”, “anticapitaliste”, “exploiteurs”, “classe ouvrière”, “lutte de classes”, etc., qui firent notre quotidien, eurent tant de charge émotionnelle et ne freinèrent nullement nos progressions électorales, ont-ils disparu de notre vocabulaire ? s'interrogeait, en 1991, un Lionel Jospin premier secrétaire du PS. Parce qu'ils étaient associés à une pensée marxiste déclinante ? Parce qu'ils se sont usés à l'épreuve du réel ? Parce qu'ils ne représentent plus rien et ne servent à rien, ou bien parce que nous les avons, nous, vidés de leur sens et rejetés au magasin des accessoires ? Où est la juste révision et où commence l'abandon un peu lâche ? » Mais l'histoire récente n'a pas inversé le cours de cet « abandon un peu lâche »...

Car c'est un autre Jospin Lionel qu'on retrouva à

Matignon. Qui prit la relève de l'impuissance, on s'en souvient, face à Michelin et ses 2 000 licenciements en France, 7 500 en Europe, tandis que son cours en Bourse s'envolait de 12 % : « Je ne crois pas qu'il faut tout attendre de l'État ou du gouvernement », indiquait-il, et lui déléguait l'action aux « syndicats » : « Une mobilisation peut se mener » – mais sans que le législateur légifère. La gauche de gouvernement se muait, non plus en soutien, même plus en arbitre, mais en simple spectatrice : le Premier ministre se refusait à intervenir dans ce conflit-là – ou chez Danone, ou chez Renault Vilvoorde.

Il se montrait, en revanche, plus interventionniste pour « abaisser les taux les plus élevés de l'impôt sur les revenus », ou pour « revendre Aérospatiale, France Télécom, Thomson », etc. *La Revue socialiste* s'en félicitait, d'ailleurs : « En matière de privatisations, la "gauche plurielle" a réalisé en trois ans un programme plus important que n'importe quel autre gouvernement français. » C'est que Lionel Jospin partait à la conquête d'un nouvel électorat : « Les chefs d'entreprise, plaidait-il, n'ont pas trop à se plaindre de ce gouvernement de gauche, [...] qui a été capable d'opérer de grandes restructurations industrielles. »

Pari gagné : la droite se disait séduite. Tel Raymond Barre, qui s'interrogeait : « On peut se demander si la victoire de la gauche en 1997 n'a pas été en fin de compte une chance pour faire passer un certain nombre de mesures qui étaient indispensables. » Franz-Olivier Giesbert s'en amusait dans *Le Figaro Magazine* : « Le meilleur agent [de la droite] reste la gauche, qui mène sa politique en douce, sans faire de vagues. [...] Qu'on en juge. Il faut être socialiste pour privatiser des entreprises publiques. [...] Il faut être socialiste pour avoir le droit d'insinuer, sans le dire, les fonds de pension. [...] Allons, il vaut mieux être de gauche si l'on veut être autorisé à gouverner à droite. » Même l'exigeant Alain Madelin adressait un satisfecit à la gauche et saluait l'« extraordinaire chemin » qu'elle avait parcouru. Encore un effort, camarade[28]...

COURAGE, PLIONS !

Années 2000, maintenant.

21 avril 2002, première claque.

Durant la campagne présidentielle, on n'entendit guère « les mots "front de classe", "autogestion", "rupture", "anticapitaliste", "exploiteurs", "classe ouvrière", "lutte de classes", etc. ». Moins combatif que jamais, Lionel Jospin poussa toujours plus loin la « juste révision » de son « vocabulaire » : son programme – il avait insisté sur ce point – n'était pas « socialiste ».

« Les deux prétendants à l'Élysée, constatait *La Tribune*, retiennent dans leurs projets un grand nombre d'objectifs communs, voire une politique commune. » D'après un sondage, les trois quarts des Français n'apercevaient que « peu de différences » entre eux, en matière d'impôts, de retraites, d'entreprises publiques, etc. Une in-différence qui grimpait encore davantage parmi les classes populaires.

Pour fignoler la « juste révision », le héraut de la gauche avait joué à Taboo pendant six mois : il s'était interdit de prononcer le mot « ouvrier ». Et il avait évité, chez les LU Calais par exemple, de croiser la France des perdants. Lesquels, au vu des résultats, le lui rendirent bien : seuls 13 % des ouvriers votèrent pour l'éliminé du premier tour. « Dès le début du conflit, raconte Marcel Pochet, délégué CGT de LU, on a vu arriver au local syndical un nombre impressionnant de cartes d'électeur. Au début nous avons cru que quelqu'un avait lancé le mot d'ordre, mais non, c'était un mouvement spontané. Ils étaient écœurés de la politique du gouvernement de gauche. »

Comment le PS réagit-il à cette débandade ? « Irrationnel », analysa sommairement François Hollande. Au congrès de Dijon qui suivit, sa motion, majoritaire, ne comportait pas une seule fois le mot « ouvrier ». Quant à la « lutte des classes », n'en parlons pas : ils n'en parlaient pas. L'intellectuel « de gauche » Marcel Gauchet diagnostiquait néanmoins : « Depuis près de cinquante ans, les socialistes hésitent à abandonner le marxisme » – et cette hypothèse audacieuse trouvait aussitôt un écho favorable dans les quotidiens *Libération* et *Le Monde*. Les conseillers du PS, eux, à l'instar de Zaki Laïdi, barbotaient dans la « complexité » : « Un parti politique moderne, même de gauche, ne peut plus avoir pour visée de transformer la société. La société se transforme d'elle-même selon des modalités complexes où les vécus des individus sont le point nodal à partir duquel la réalité sociale se transforme », etc. Adieu à la Révolution, soit. Mais bye-bye, maintenant, à la « transformation » ?

« Toujours renoncer davantage » : c'est la leçon que tiraient les clercs médiatiques de ce revers. Des conseils qu'ils approfondiront à chaque débâcle – et elles ne manqueront pas : si la gauche perd, c'est qu'elle ne se résigne jamais assez. Jamais assez « à droite »[29].

29 mai 2005, deuxième claque.

Je me trouvais rue de Solférino, ce soir-là, parmi des militants tous badgés d'un « Oui à l'Europe sociale ». Ici un élève de l'ESSEC (haute école de commerce), là un conseiller en stratégie financière, plus loin une dame qui me parle de *« gap »* et de *« business »*. Les résultats tombent, mines déconfites. Des pleurs discrets, même. François Hollande s'exprime à l'écran : il est applaudi. Henri Emmanuelli apparaît sur un plan de coupe : il est sifflé. L'autisme social continuait.

Ce dimanche, 54,67 % des Français avaient penché pour le « non ». 79 % chez les ouvriers. 67 % chez les employés.

71 % chez les chômeurs. Alors que les cadres et professions libérales préféraient le « oui » à 65 %, un « oui » qui culminait à 66 % ici, dans ce Paris devenu Versailles, Paris des décideurs et d'un Delanoë « manager ».

Alors, peut-être ce divorce soulèverait-il un doute chez les héritiers de Jaurès ? Comme quoi, qui sait, le libre-échange – décliné dans le Traité constitutionnel en « liberté de circulation des capitaux », « concurrence libre et non faussée », etc. – fragiliserait les fragiles et renforcerait les forts ? Comme quoi une « guerre des classes » ferait rage, avec des vainqueurs et des vaincus ?

Non.

Alors que j'exposais le cas d'ECCE, le sous-traitant de LVMH – où les couturières développaient des opinions guère enthousiastes à propos de l'« Europe sociale » –, alors que j'exposais ce cas à Eduardo, consultant au ministère de la Défense, intervenant à Sciences-Po, lui m'expliqua encore que « les délocalisations, de toute façon, c'est bon pour la Pologne », que « les usines n'ont plus d'avenir ici », qu'« il faut créer des emplois à haute valeur ajoutée ». Sur les téléviseurs autour de nous, les ténors du PS lui faisaient écho, tout aussi sourds aux 15 449 508 voix de la France d'en bas [30].

6 mai 2007, troisième claque.

Retour à Ségolène Royal, donc. Malgré son charme, ses promesses d'« amour » et de « réconciliation » n'ont recueilli que 46,94 % des suffrages. C'était trop peu pour gagner, évidemment. C'était peu tout court. Mais, pire, comment se décomposent ces votes ?

Nicolas Sarkozy a rassemblé 51 % des suffrages chez les ouvriers. Autant chez les employés. 53 % parmi ceux qui « s'en sortent difficilement ». 58 % chez les électeurs qui ont « arrêté leurs études avant 20 ans ».

Sa rivale, elle, était minoritaire chez les ouvriers (49 %), les employés (49 %), les pas diplômés (42 %). Elle culminait en revanche à 54 % chez les Français qui « s'en sortent très facilement », à 56 % chez les titulaires d'un bac et plus. Le porte-drapeau de l'argent roi l'emportait donc dans les classes populaires, elles qui votaient François Mitterrand à 70 % vingt ans plus tôt. Les « vaincus » avaient déserté la gauche. À moins que ce ne soit l'inverse...

On imagine l'électrochoc.

Un échec dans son propre électorat.

Presque un suffrage à fronts renversés.

Après le splash de toute cette gélatine – « aimer son pays, c'est le vouloir meilleur », etc. –, la gauche allait s'adonner à une autocritique, jailliraient des analyses sur la sociologie de ce vote, sur la rupture entre le PS et le peuple, sur les clivages produits par l'Europe, la mondialisation... On allait amorcer un retour, pourquoi pas, au langage ferme, combatif, des années 70 : après tout, le discours d'alors ne sonne-t-il pas « moderne » ? Se sont-ils évanouis, les « maîtres de l'argent », ou ne dînent-ils pas plutôt en bande au Fouquet's ? Avec les 9,3 % chipés au Travail, n'est-il pas urgent, aujourd'hui plus qu'hier, de mieux « répartir les fruits de la croissance » ? Ne sommes-nous plus « entourés à tout moment par une propagande qui retarde la prise de conscience » ? Ne voit-on pas « disparaître, pan par pan, de vastes secteurs de notre industrie » ?

Mais non. C'est tout l'inverse qu'on entendit.

Ségolène Royal, le soir même de sa défaite, positivait et promettait des siècles de mièvrerie : « J'ai entamé durant la campagne présidentielle une rénovation de la façon de faire de la politique, une rénovation des idées politiques, et il va falloir que le Parti socialiste révise un certain nombre de ses dogmes et regarde la société telle qu'elle est et telle qu'elle va et construise avec imagination l'alternance de demain. » Encore trop de « dogmes », il fallait donc « rénover »...

Voilà un mystère : « ses idées d'origine ont été balayées totalement », et pourtant quel projet la gauche se fixe-t-elle ? De « balayer » sans cesse, pour l'éternité, ses « dogmes » – comme s'ils contenaient une souillure jamais effacée. Alors que les socialistes ne prononcent plus ni « classes », ni « luttes », ni « capital », il faudrait qu'ils désarment toujours davantage leur verbe.

Car Ségolène Royal n'entonne pas cet air seule. C'est toute une chorale qui récite ce refrain. Toute une littérature d'eunuques, qui contaminent la gauche par leur impuissance. Qui recommandent l'impuissance[31].

Dès le lundi 7 mai 2007, Laurent Joffrin pontifiait, dans *Libération*, sur « l'immobilité doctrinale du PS », cause de tous les maux : « Ce revers doit réveiller les forces d'imagination et de modernisation, celles qui allient audace et réalisme », etc. Un point de vue qui ne détonnait ni par son « audace » ni par son « imagination » : Jacques Julliard l'avait déjà énoncé la veille.

Dès le dimanche soir, en effet, à 20 h 39, alors que les militants n'ont pas encore séché leurs larmes, lui a déjà séché son encre – et, sur le site du *Nouvel Observateur*, il dénonce une « gauche [qui] est trop à gauche pour s'élargir vers le centre ». Il s'en prend à un programme « élaboré par les plus gauchistes du Parti ». Lui aperçoit depuis 2005 « une course à la radicalité qui comprenait la généralisation des 35 heures, la hausse des impôts, la renationalisation provisoire des grandes entreprises, la régularisation de tous les sans-papiers, et j'en passe ». On ignorait que la présidente de Poitou-Charentes allait prendre le palais d'Hiver. Mais voilà qui éclaire, à l'évidence, la débâcle : « trop à gauche », « gauchistes », « radicalité », et le drapeau rouge demeurera l'emblème de cette campagne...

Après les lièvres de l'édito, la tortue des Gracques. Cet essaim d'énarques proches de Solférino rédige un *Manifeste pour une gauche moderne*, et *Le Monde* publie aussitôt sa déclaration sur une double page (indiquant même l'adresse du site, www.lesgracques.fr, et comment « adhérer à l'association ») : « La gauche doit dire clairement que l'économie de marché est une bonne chose. [...] La gauche doit dire haut et fort que la mondialisation est un progrès. [...] La gauche encourage la libre circulation des biens, des capitaux, des services et des personnes. [...] Il faut cesser de voir dans l'entreprise un ennemi. La gauche doit être favorable aux entrepreneurs », etc.

Alors que, au fond, plus un socialiste ne prône le socialisme, alors que, « le 23 mars 1983 à 11 heures du matin », comme le note Henri Emmanuelli, « le jour où nous avons décidé d'ouvrir les frontières et de ne pas sortir du SME, nous avons choisi une économie de marché », alors que, depuis le congrès de la Défense en 1991, le PS reconnaît les « règles du marché », opte pour un « modèle d'économie mixte », il faudrait que les socialistes renouvellent leur allégeance au capitalisme tous les matins. Comme si on redoutait leur sursaut dans la guerre des classes[32]...

On le redoute, de fait : que le monstre de l'Égalité jamais ne se relève.

Il est à terre ? Piétinons-le !

Et voilà Vincent Peillon, le porte-parole de Ségolène Royal, qui « passe à l'offensive » dans le *Courrier picard*, serrant sur la photo un poing lourd de conviction. Contre quel monstre atroce ? Contre « le marxisme avec l'image de la dégénérescence stalinienne » ! Tel un saint Sébastien fanfaron qui brandirait sa lance, mais face à un dragon déjà cadavre, déjà squelette depuis la préhistoire[33]...

Cartographie du vide

C'est une tâche fastidieuse que de cartographier un désert.

D'explorer un trou noir.

Il le faut, pourtant.

Malgré le vertige, je m'approche alors de cette tribune, publiée par Vincent Peillon dans *Le Nouvel Observateur* durant l'été 2007, et qui a initié mes recherches. Une « libre opinion » bourrée de « rénovation », de « refondation », etc., absolument pas originale, et que je choisis précisément pour son absence d'originalité.

Que je clarifie ça, d'ailleurs : je ne tiens pas à m'acharner sur un individu. C'est juste mon spécimen de proximité, Vincent Peillon. Un socialiste moyen, passé par toutes les couleurs de l'arc-en-ciel : d'Henri Emmanuelli à Dominique Strauss-Kahn, de Lionel Jospin au NPS, d'un discret « non » au référendum de 2005 à un « oui » au traité de Lisbonne en 2007, en passant par un « soutien personnel » à Ségolène Royal en 2006. Une élection présidentielle et une débâcle plus tôt, après le 21 avril 2002, on s'en souvient, il incarnait « le credo économique et social de la gauche du PS », et il tonnait contre « le très grand danger de la dérive sociale libérale », et il dénonçait « la montée des précarités », « les tensions nouvelles et brutales entre ceux qui sont dans l'"assistance" et ceux qui sont dans le travail difficile et mal rémunéré », et il martelait : « Écoutons moins les menaces des nantis et des arrogants ; entendons mieux la détresse des humbles. »

Ex-« porte-parole » du Parti, puis de sa candidate, philosophe de formation, avec à son actif des ouvrages sur Jaurès et sur les utopistes du XIXe, il fait figure d'intellectuel en politique. Et c'est comme intellectuel autant que comme politique qu'il signe cet appel : « Quel avenir pour la gauche ? Les chemins de nos ruptures ». Où il présente la nouvelle « doctrine » socialiste... qui vise, justement, à abolir toute « doctrine ».

« Cette rupture, écrit-il, va supposer des révisions courageuses et des audaces certaines dans notre doctrine, en commençant par faire l'analyse juste de la société et de la modernité. »

On s'interroge d'emblée : en trente années de gouvernement et d'alternances, le PS n'a-t-il pas conduit mille « révisions », au point de se retrouver sans « doctrine » ? Aux oubliettes, le « front de classe », la « planification », l'« autogestion », la « rupture avec le capitalisme », et jusqu'aux « nationalisations ». Alors, le roi est nu, et il faudrait qu'il se déshabille encore...

Quel sous-vêtement doit-il ôter, maintenant ?

On le devine, et Vincent Peillon confirme : le « dogmatisme marxiste ».

On ignorait trop les dégâts causés par ce ver introduit dans le « socialisme français ». On les découvre. Quand, sous Lionel Jospin et d'après l'INSEE, « plus d'un millier d'entreprises publiques, maisons mères et filiales, sont passées dans le giron du secteur privé, autant que sous la période 1993-1997, sous les gouvernements d'Édouard Balladur et d'Alain Juppé », le carcan « marxiste » a sans doute pesé lourd dans ces décisions. Quand les parlementaires socialistes, en congrès à Versailles, votent en faveur d'un Traité constitutionnel européen qui prévoit « la libre circulation des capitaux, y compris avec les pays tiers », c'est une étrange interprétation du Capital, et quand ils optent pour une « concurrence libre et non faussée » de la main-d'œuvre, voilà à coup sûr une « rénovation » de l'Internationale ouvrière. Quand Ségolène Royal lance aux patrons : « Faites des profits, augmentez vos revenus ! », on songe que le fanatisme « marxiste » a encore frappé. Et c'est pour mieux faire voler en éclats ce « dogmatisme », sans doute, qu'en pleine affaire Airbus Vincent Peillon se prononçait en faveur des « stock-options » : « Moi, je ne suis pas du tout pour la suppression des stock-options, je pense qu'elles ont un rôle. » Une « révision courageuse » de plus [34]...

C'est une ficelle des discours « modernistes » : chaque soumission à l'ordre est convertie en une preuve d'« audace ». De « courage ».

En ce matin de l'automne 2007, en pleine grève des cheminots, Manuel Valls s'exprime sur France Inter, et il le regrette : « Nous aurions dû être plus clairs et plus courageux en 2003, au moment de la réforme Fillon, nous aurions dû soutenir les initiatives de la CFDT et de François Chérèque. » Et il loue les « syndicats courageux » qui appellent à la reprise du travail. Et, en guise de « position courageuse » sur les blocages des facultés par les étudiants, il se « méfie d'un mouvement assez régressif ». Bref, tout renoncement est traduit en « courage ». Car jusqu'ici les députés PS se sont trop adonnés à la lâcheté des luttes sociales... Lorsqu'il conclut que, au PS, « le courage aurait dû nous conduire à mettre tout de suite en œuvre le chantier de la rénovation, de la refondation », on pressent que les acquis du Conseil national de la Résistance seront défendus avec hargne...

Les rôles sont inversés. On croirait que parle ici un de ces « maîtres de l'argent » que caricaturait François Mitterrand : « Au moment où il s'agit de répartir les fruits de la croissance entre ceux qui la font, alors il n'en est plus question », remarquait-il à Fourchambault, dans la Nièvre (4 831 habitants). Et devant des prolos à mégot, des péquenots à casquette, le futur président exigeait une juste « répartition » : « [Les maîtres] ne veulent pas les 1 000 F par mois. Ils ne veulent pas la retraite à 60 ans, et à 55 ans pour les femmes. Ils ne veulent pas des 40 heures de travail par semaine. Ils refusent tout, au nom de quoi ? Puisque la France est riche, pourquoi y aurait-il des Français pauvres ? Il y a une inégalité formidable dans la France d'aujourd'hui, et elle est entretenue. C'est ce pouvoir économique, celui des monopoles, celui des banques, enfin celui de l'argent, qui ne veut rien céder, qui ne veut rien lâcher. »

C'est aux salariés de « céder », désormais, de passer à 40 annuités de cotisation, puis à 41. Et le député-maire socialiste d'Évry, Manuel Valls, seconde le « grand capital » dans ce travail de sape. Question de « courage »...

Son frère jumeau en bravoure, Vincent Peillon, s'en va à son tour « bousculer certains tabous ».

Sur quelles cibles s'abat son glaive ? « Ce n'est pas capituler que de vouloir gouverner et agir, ce n'est pas honteux que de chercher à comprendre le monde tel qu'il est. » En effet. Aucun amateur de paradoxes ne lui rétorquera qu'« agir, c'est capituler », ou que « comprendre le monde est honteux », et on voit mal pourquoi il s'enveloppe dans une toge de Sénèque pour énoncer des truismes pareils (on voit mal pourquoi il les énonce, d'ailleurs). Notre « courageux » La Palisse poursuit néanmoins, avec ses airs de matamore : « Ce n'est pas trahir que de vouloir faire tomber le mur de Berlin dans nos têtes. » Comme s'il existait le moindre risque que l'on confonde Dominique Strauss-Kahn avec Lénine, François Hollande avec Trotski ou Martine Aubry avec Rosa Luxemburg !

Deux décennies après sa chute, alors que des milliers d'écrivains, de journalistes, de politiciens ont dénoncé et redénoncé « l'hydre du communisme », alors que depuis belle lurette l'Union soviétique ne constitue plus un modèle, ni économique ni politique, alors que le « mur de Berlin » était tombé « dans les têtes » de la gauche française bien avant 1989, c'est un beau combat pour le temps présent que d'enfoncer la porte ouverte de Brandebourg. Bien plus urgent, et bien plus « audacieux », que de se heurter au mur de l'argent. Toujours debout, lui [35]...

Mais coupons court à la polémique et admettons.

Admettons qu'il faille abandonner le « dogmatisme marxiste », revenir à une « tradition individualiste », procéder à une « refondation programmatique », etc., admettons tout en bloc. Que propose Vincent Peillon ?

Il pose en préalable que « les inégalités entre générations, entre territoires, entre revenus ne sont plus les mêmes aujourd'hui qu'il y a vingt ans ». Soit. Là encore, personne ne le contredira. « Les familles ne sont plus structurées de la même façon, l'espérance de vie, le rapport à la santé, à la vie et à la mort sont bouleversés. » Supposons. « L'école ne s'adresse plus aux mêmes publics et ne rencontre pas les mêmes difficultés : la connaissance, l'information, les loisirs, la consommation se sont transformés. » Pourquoi pas. « Notre insertion dans l'Europe et dans le monde, les ressorts de la croissance et les formes du capitalisme, les structurations géopolitiques et les menaces environnementales ont changé en profondeur. » Et quelles conclusions tire-t-il de tous ces changements ? « La gauche doit accepter de penser et d'agir autrement. » D'accord, mais encore ? « C'est une ambition intellectuelle renouvelée dont nous avons d'abord besoin. » D'autres précisions ? « La refondation programmatique devra s'engendrer à partir d'une refondation intellectuelle, et le long détour de la tradition sera nécessaire, une fois de plus, à l'enfantement de l'avenir. » En gros, on va réfléchir à réfléchir...

Cette prose chétive, fébrile, qui voudrait bien vouloir, qui oserait bien oser, est à sonder comme un symptôme. Une infirmité, inscrite dans son langage, dont souffre la gauche contemporaine. Car dans ces paragraphes, malgré des points d'exclamation qui achèvent les phrases comme de faux coups de trompette (« Une gauche moderne et conquérante doit rompre avec le sectarisme ! »), tout sonne vide, creux, sans relief.

Pourquoi ? C'est que Vincent Peillon dresse, comme un catalogue, la liste de toutes les transformations du pays, mais n'en offre aucune lecture. Il place côte à côte, en vrac, sans lien ni hiérarchie, « l'effondrement du communisme, la reconnaissance que la préoccupation environnementale doit s'inscrire au cœur de la définition des politiques publiques parce qu'elle est constitutive de l'intérêt général, la nécessité d'opérer une reconquête républicaine comme préalable à toute reconquête sociale, l'acceptation du marché et la recherche de nouvelles solidarités », mais rien, aucune vision, ne relie ces remarques, fort variées.

Le philosophe, et encore davantage le philosophe engagé, nous aidait auparavant à comprendre pour agir. Fort d'une *idéologie* consciente, assumée, il apportait non seulement des *idées*, mais surtout une *logique* qui les reliait entre elles, qui rattachait les conséquences à des causes et nous offrait – à prendre ou à refuser – des clés pour une lecture du monde. Si les *idées* subsistent parfois, toute *logique* s'est en revanche évaporée. Le « postmodernisme » a dévasté les terres cartésiennes, avec son devoir de « relativisme », et, plutôt que d'éclairer notre lanterne, le nouvel intellectuel vient l'obscurcir encore. Plutôt que de nous apporter ses lumières, il nous plonge dans les ténèbres : répéter que le monde est encore plus « complexe », encore plus « opaque » qu'on le présumait n'avance en rien... et atteste pourtant notre intelligence. Ainsi, parcourir la tribune de Vincent Peillon ne nous rend pas plus clairvoyants mais plus hésitants.

Qu'on ausculte simplement ce bref énoncé :

« Commencer par faire l'analyse juste de la société et de la modernité. »

Non seulement Vincent Peillon n'évoque, directement, aucune action pour rendre la « société » et la « modernité » plus « justes » – ce qu'on attend en général d'un cadre politique –, mais il ne livre pas davantage son « analyse juste » : il se contente de suggérer que nous fassions cette « analyse juste », et encore s'agit-il à peine de « commencer ». Le réel s'éloigne derrière le brouillard des bavardages, et cette formule, « commencer par faire l'analyse juste de la société et de la modernité », condense toute une paralysie de la gauche. D'abord parce qu'elle ne se saisit plus du monde à bras-le-corps, ensuite parce qu'elle renonce même à penser le monde.

D'ailleurs, la seule proposition « concrète » de son papier consiste à lancer l'idée d'« assises de la gauche et des progressistes », comme un mégadébat participatif : « Les écologistes, les communistes, les démocrates, les radicaux, les citoyens, toutes celles et tous ceux qui, dans les syndicats, les associations, veulent construire ensemble une nouvelle gauche française doivent s'y retrouver pour débattre ensemble des orientations qui devront être celles d'une gauche réformiste. Le congrès de refondation devra être l'aboutissement de ce processus. » On voit mal comment, de cette tambouille, de cette grand-messe œcuménique, sortiraient, sinon une idéologie, du moins des idées claires, cohérentes, puissantes, à même de modifier l'ordre social.

Que l'on compare cette logorrhée, ce « commencer par faire l'analyse juste de la société et de la modernité », avec un extrait signé Nicolas Sarkozy. C'était en septembre 2006, devant les jeunes de l'UMP – un discours qu'il reprendrait dans l'entre-deux-tours :

« Le progrès matériel ne suffisait plus à la génération de Mai 68. Elle aspirait à l'idéal. Elle y aspirait d'autant plus qu'elle était l'enfant du plein emploi et de la croissance. Elle dilapida l'héritage sans apporter ce supplément d'âme dont elle dénonçait le manque. Elle installa partout, dans la politique, dans l'éducation, dans la société, une inversion des valeurs et une pensée unique dont les jeunes d'aujourd'hui sont les principales victimes. Au cœur de cette pensée unique qu'ici je veux dénoncer, il y a le jeunisme, cette idéologie qui dit à la jeunesse qu'elle n'a que des droits et que tout lui est dû. C'est faux. [...] La gauche qui a trahi, c'est celle, héritière de Mai 68, qui demande aux enfants ce qu'ils ont envie d'apprendre, qui dit à l'élève qu'il est l'égal du maître, qui part en guerre contre l'élitisme républicain qui traumatiserait les mauvais élèves, qui explique aux professeurs que pour enseigner les mathématiques à Paul il faut d'abord connaître Paul plutôt que les mathématiques, et qui promet qu'on donnera le bac à tout le monde. Cette gauche-là, au final, accepte la pauvreté pour peu qu'il n'y ait que des pauvres, tolère les retards pour peu que personne ne soit à l'heure, s'accommode des injustices si chacun en est également la victime. [...] La vérité, c'est que les étudiants qui se sont révoltés en mai 68 étaient des enfants gâtés par les Trente Glorieuses. Vous êtes les enfants de la crise. Ils ont vécu sans contraintes. Vous payez aujourd'hui la facture. »

Ce n'est pas un regard que je partage, mais au moins y a-t-il un regard : le candidat de la droite relit une page de notre histoire, et la relie à notre présent. Il désigne un ennemi. Il pointe une cause. Il offre des outils d'analyse, rhétoriques, à son auditoire. Il tente une clarification du monde. On peut contester son point de vue, mais justement parce que s'affirme un point de vue.

Que contestera-t-on dans le jargon automatique d'un Vincent Peillon – qui paraît programmé par un logiciel ? « Construire la nouvelle formation politique dont nous avons besoin pour mettre en mouvement la société, produire nos nouvelles fenêtres, gagner et agir dans la durée, cela fait aussi partie du cahier des charges qui doit être le nôtre pour préparer la reconquête politique. » Rien n'accroche, et un vertige nous saisit : un trou noir de la pensée s'est ouvert sous nos pieds.

Notre tribun a beau asséner, ensuite, que « pour mener une bataille idéologique mieux vaut disposer d'armes et de munitions ! » (avec le point d'exclamation de rigueur), c'est une « bataille » de guimauve qui se prépare, et l'on entend moins siffler les balles que les ronflements[36]...

C'est une reddition anodine qui est signée ici – travestie sous un blabla de « bataille ». Mais c'est davantage, aussi, qu'une capitulation individuelle : c'est un ordre de démobilisation collective.

À l'heure où les riches – de leur propre aveu – « remportent la guerre des classes », quelle riposte l'ancien porte-parole du PS suggère-t-il ? Aucune.

Quel ennemi désigne-t-il ? Zéro.

Quelles causes pointe-t-il au malheur social ? Rien de ce côté-là.

Sa seule offensive, il la dirige contre les vieux fusils, rouillés, à coup sûr : le « marxisme » – et qu'importerait Marx si, à travers lui, on ne visait pas la « lutte » (0 occurrence), le « rapport de forces » (0), la « confrontation » (0). À remplacer par un vague « retour à la tradition individualiste ». Avec cette « arme »-là, les métallos du Vimeu sont vaillamment protégés...

L'effet domino du dominant

J'attache bien de l'importance, me reprochera-t-on, à cette copie insipide. C'est qu'elle n'est pas inoffensive : cent bouches répètent le même message.

Et, à force, on l'adopte soi-même : la « doctrine », c'est vilain.

Le « dogmatisme », pas beau.

L'« idéologie », voilà l'ennemi.

Ainsi le veut la nouvelle doxa.

Il faut mesurer, alors, l'effet domino d'un PS dominant : avec l'abandon du conflit capital/travail, avec son chavirage intellectuel dans la « modernité » et la « complexité », avec sa vision plus que nébuleuse du monde social, toute la pensée à gauche s'est écroulée à sa suite. Démembrée. Et cette « idéologie de la dés-idéologie » a bel et bien pénétré chez « les citoyens, dans les syndicats, les associations »...

« La stratégie de la CFDT est une stratégie offensive tendant, à travers la lutte des classes, à hâter l'instauration de la société socialiste... »

Voilà comment ils causaient, alors, avec plein de « travailleurs » partout (564 occurrences), de « classes » (143), de « luttes » (131) : tels sont, entre 1970 et 1978, les trois mots les plus caractéristiques de la CFDT.

On a mesuré ça, avec Josette Lefèvre : depuis trente ans, cette chercheuse du CNRS à l'université de Picardie retranscrit toutes les résolutions de tous les congrès de tous les syndicats. Ses fichiers constituent comme une mémoire géante de cette décennie 70 où il fallait instaurer un « rapport général des forces face à l'adversaire capitaliste », une « lutte des travailleurs face à l'adversaire de classe », etc. L'« adversaire » d'hier est devenu un « partenaire », et, « dans ce cadre, les partenaires sociaux ont la responsabilité de parvenir à une rénovation ». « Ensemble », syndicats et « entreprises » (qui a remplacé « patronat ») doivent « lutter », non plus « contre l'exploitation capitaliste », mais « contre l'échec scolaire », « contre le chômage de longue durée », « contre les situations de pauvreté ».

Une langue de bois, ramollie, en a chassé une autre, vindicative. D'un coup ou presque : entre 1978 et 1988, tout le vocabulaire est liquidé – et la pensée qui va avec. Cette « modernisation » s'opère en même temps qu'au PS – et c'étaient les mêmes responsables, pour beaucoup, des deux côtés, qui « rénovaient ».

Dès 1982, à la CFDT, c'en est fini de la « lutte des classes ». Puis plus de « classe » du tout. Le mot d'ordre fondateur, le « socialisme démocratique », est officiellement délaissé. Du « passage décisif d'une société capitaliste à une société socialiste », on passe finalement à une « société civile complexe et pluraliste ». Puis, simplement, à « notre société », symptôme d'un ordre présent accepté – sans « socialisme » à construire ni « capitalisme » à détruire.

La passivité du « salarié » éclipse, au sommet de la pyramide lexicale, l'activisme du « travailleur ». Puis viennent, parmi les mots les plus courus, des termes politiquement creux, du genre « nous », « accès », « exclusion », « fonctions », « démocratie », « acteurs », « branche », « européen », « participatives », « évolutions », « évaluation », etc. – toute une panoplie de narcotiques verbaux, qu'on n'entend plus tant on les entend chaque jour. Tout un jargon sans nerfs ni muscles – d'où « force » est évacué, d'ailleurs. Là où le « rapport de forces » primait, il suffit maintenant d'un « dialogue »...

Les temps ont changé, dit-on.

Ainsi maquillés derrière l'écoulement des années, les reniements se colorent presque de nostalgie. C'est plutôt que des hommes ont changé d'idées. Et de camp. Car même dans les « organisations » – présentées comme collectives, anonymes, impersonnelles – ces virages portent des visages.

« Il faut retirer les hauts fourneaux de la tête des sidérurgistes lorrains. » Souvent, quand je passe à Longwy, Jean-Claude Feite cite, avec une fureur lassée, cette phrase de Jacques Chérèque. C'est un « ouvrier devenu ministre », lui, comme titre le bulletin de la CFDT, et sa carrière fulgurante renseigne sur l'éternelle prime aux renégats.

Ce cadre cédétiste a vécu Mai 68, en Lorraine, comme

« une partie de plaisir, la fiesta partout, la grande euphorie démocratique » – nous informe son autobiographie. Il a ensuite participé, en 1973, à « l'affaire Lip » : « L'autogestion est le thème à la mode », commente-t-il. Mais, à la fin des *seventies*, la « mode » bouge, et lui avec : dans sa région, contre une CGT combative, il se fait le chantre du « réalisme », de la « restructuration », des « solutions de remplacement ». Et là, en 1984, « coup de théâtre », écrit le périodique (mais en est-ce vraiment un ?) : il est nommé « préfet délégué » par Laurent Fabius. Les grands esprits se rencontrent. Puis, quatre ans plus tard, sous Rocard, il est promu « secrétaire d'État à l'Aménagement du territoire et à la Reconversion industrielle ». Avec le succès qu'on sait pour la « reconversion industrielle ». Côté « reconversion personnelle », en revanche, tout se passe bien : il sera élu conseiller général et conseiller régional, socialiste ça va de soi.

Alors, maintenant, les « sidérurgistes lorrains », est-ce qu'ils sont si passéistes que ça ? Est-ce qu'ils les regrettent tant, les « hauts fourneaux » ? Vous leur donnez, à chacun, une Laguna avec chauffeur, un bureau lambrissé en bord de Seine, le salaire de deux médecins généralistes, et voilà qui pourrait apaiser leur nostalgie. Mais les Chérèque, les traîtres à l'armée du travail, sont sans complexe : qu'ils soient récompensés en confort de leur apostasie ne suffit pas, il faut encore qu'ils délivrent aux pauvres des leçons de stoïcisme. On les paie pour ça. Sinon ce monsieur a – paraît-il – publié « un livre d'engagement sur une époque décortiquée non sans humour, mais aussi un regard lucide qui invite à la réflexion sur le syndicalisme et la politique aujourd'hui et qui se termine par un appel à “démocratiser les relations entre l'État et les citoyens” ».

Quant à sa descendance, elle est assurée : c'est son fiston François qui préside la CFDT comme on recevait les charges d'Ancien Régime. Lui dénonçait hier sur LCI une

« grève [qui] ne mène à rien », et il accusait les cheminots d'« emmerder tout le monde pour pas grand-chose ». Il s'exprimait encore ce matin sur France Inter : « On a eu 75 % de grévistes à la SNCF. C'était la grève la plus puissante quasiment depuis la Libération. Jamais ça s'est vu. Donc on a une force importante vis-à-vis du gouvernement. Donc il faut qu'on pousse notre force. » Et comment « pousser notre force » ? Sûrement pas en « continuant une grève qui ne sert plus à rien », non : « La meilleure façon de pousser, quand on est dans un syndicat comme la CFDT, [...] c'est d'obtenir des contreparties quand une réforme est inéluctable. Là, je pense que nous faisons bien notre travail. » Et il opte alors pour « une démarche raisonnable en débattant avec le ministre », et sans la pression de la rue. Voilà une conception du « rapport de forces » héritée de papa...

J'ai écrit, plus haut : « des hommes ont changé d'idées » – et non pas « les hommes ». Car il y a les autres, plus nombreux à coup sûr, les inconnus, les fidèles à leur idéal, grosso modo, avec des aménagements, qui n'ont donc accédé ni au pouvoir ni aux médias. Tel Jean-Claude Feite, fils de sidérurgiste, petit-fils de sidérurgiste, sidérurgiste un temps lui-même, mais aussi enfant de Mai 68, qui a milité à la CFDT « autogestionnaire », qui peste encore contre le tournant « gestionnaire » tout court – et qui touille du chili con carne dans une salle obscure. Telle Josette Lefèvre, dans un registre moins barbu : « Quand on a vécu cette période-là, 68-76, tout a été dit. Tout a été fait. C'est dur, après. Avec ma base de données, j'en suis là : j'essaie de sauver les traces. » Mais on ne les voit qu'à peine, eux, « les petits, les obscurs, les sans-grade », les sincères, surtout. Quand sont continûment promus un quarteron de félons.

C'est qu'à gauche se répand « l'évangile selon Judas » – tandis que sont ensevelis dans l'oubli les apôtres aux mains vides, au cœur plein, qui n'ont pas reçu trente mille deniers de l'Empire [37]...

Le retournement est plus timide, évidemment, à la CGT. Moins « gauchiste » au départ, moins « collaborationniste » à l'arrivée, la centrale a traîné les pieds pour son aggiornamento lexical. Elle a même consacré un congrès entier à ça, tant les choix de mots sont des batailles d'idées. Mais c'était en décembre 1995. Et, en décembre 1995, Josette Lefèvre n'assistait pas aux débats : elle marchait dans les rues pour la Sécu.

Le vocabulaire s'est plié, finalement.

Sans enthousiasme, ici.

Jusqu'à 1989 et la fin Krasucki, c'est le trio « travailleurs », « politique », « classe » qui domine un discours ferme, classique et classiste. Le social-libéralisme en vogue, le mur de Berlin tombé, plus de socialisme à l'Est : s'insinue une énorme inquiétude. Sont alors martelés « nous », « syndiqués », « syndicalisme », « syndicat », « syndicalisation ». L'appareil parle de lui-même, signe qu'il doute de sa propre survie : « Nous ne pouvons pas nous contenter d'un syndicalisme d'influence loin du vécu des salariés. Plus que jamais, la CGT a besoin d'être plus forte, avec davantage de syndiqués pour que le syndicalisme de lutte vive et se développe. Les syndicats ont aussi à s'interroger sur le fait que leurs divisions n'encouragent pas la syndicalisation, que leur efficacité n'est pas toujours démontrée. » De moyen, l'organisation devient presque la finalité : assurer sa sauvegarde.

La « lutte de classes » s'évanouit (absente dès 1992), l'« adversaire patronal » avec, et le « combat contre le capitalisme » dans la foulée. Mais ce repli défensif s'aperçoit également à des signes plus discrets : longtemps la CGT ne s'est pas opposée aux « réformes ». Au contraire : il fallait « procéder aux réformes nécessaires attendues par les Français », aux « réformes qui vont dans le sens de la justice sociale, de la réduction des inégalités », aux « réformes de structure, démocratisation et intervention des travailleurs », et c'était le camp d'en face, « le CNPF, l'ensemble des patrons », qui cherchait à « ralentir le rythme des réformes », qui mettait « en œuvre, avec le soutien de l'ensemble des forces réactionnaires, des moyens sans précédent pour mener un combat contre les réformes ». La confédération ne protestait, elle, que contre les « contre-réformes » ! Puis la roue a tourné. C'est le « patronat » qui la pousse, désormais, et la CGT qui résiste à un « certain nombre de "réformes" contestées, comme les retraites », ces « réformes successives qui poussent à la rentabilité financière et [à] la pénétration du capital privé », etc. Les « réformes » ont si bien changé de sens qu'elles en ont changé le sens du mot « réforme ».

Dans la débâcle de l'après-URSS, comment sauver les meubles ? En 1995, la CGT a quitté la moribonde Fédération syndicale mondiale (communiste). Pour rompre cet isolement, Bernard Thibault se tourne en 1999 vers une Confédération européenne des syndicats fort modérée. Jadis, certes, la CES aussi se référait au « clivage principal entre le Capital et le Travail ». Mais elle prône aujourd'hui la « réforme du modèle social français » (ou « allemand », ou « scandinave », etc.), qui doit « s'adapter » au profit du « modèle social européen » – tandis que la Commission de Bruxelles a une étape d'avance et en appelle déjà, elle, à la « réforme du modèle social européen », qui doit « s'adapter »... Bref, pour intégrer cette CES, la CGT devait plus que toiletter son langage : abandonner, dans sa hiérarchie au moins, sa culture du conflit. Ses ossements de « dogmatisme marxiste ». Et devant les cabris de la CES qui tressautent sur leur chaise en criant « l'Europe ! l'Europe ! l'Europe ! », qui approuvent tous les manifestes laisser-fairistes pourvu qu'on ajoute « européen » dans le titre et « paix » à l'intérieur, la CGT range ses attaques : la CEE était rarement citée, auparavant, sans qu'on précise « l'Europe capitaliste », « l'Europe de la finance », « l'Europe supranationale » – face à quoi l'on exigeait une « Europe antimonopoliste, démocratique et pacifique ». Désormais, plus d'adjectifs : c'est « l'Europe » tout court, comme si l'on consentait à son libéralisme.

La CGT se tient bien : elle obtient même de siéger dans l'organe de direction de la CES. Et le secrétaire Bernard Thibault de souhaiter, contre sa base, contre ses délégués, la ratification du Traité constitutionnel européen en 2005 – avec la « concurrence libre et non faussée » comme clé de voûte. « J'ai relevé certaines avancées, s'explique-t-il, en particulier sur les droits sociaux fondamentaux. »

Un écroulement idéologique.

Mais c'est aussi que derrière, au Parti même, le socle politique s'est fissuré...

Je me suis rendu une fois à la fête de l'Huma, en 2002.

Devant une mégaestrade, la foule se marchait sur les pieds au rythme d'une salsa. La musique a cessé, le comité central a grimpé sur la scène, la meute des journalistes s'est agglutinée autour tandis que des spectateurs quittaient le terre-plein en masse (ça s'annonçait moins swing que le groupe « 100 % Collègues »). Des militants ont vite rappliqué de derrière pour masquer, tant bien que mal, ce vide devant les caméras.

Entourée d'immenses panneaux « RTL – TF1 », Marie-George Buffet s'est lancée dans vingt minutes de compassion : « ... les inondations du Gard... les pompiers décédés cette nuit à Neuilly... l'abbé frappé par des extrémistes... le 11 septembre... les Palestiniens... l'Irak... l'Argentine... » Tous les désastres de la galaxie y sont passés. Derrière moi, un type épinglé « JC – Bretagne » ironisait : « Finalement, je préfère Robert Hue. » Son copain lançait en direction de la tribune : « Eh, mais faut arrêter de se branler, là ! » Pendant qu'un gars du service d'ordre s'énervait contre ces déviationnistes : « Si t'aimes pas, tu te casses. » Impassible, la secrétaire levait le poing et entonnait l'*Internationale*. Malheureusement, les pubs arrivaient avant le grand soir : Orangina, Gaz de France, Renault, etc., sur un écran géant... Les multinationales pouvaient trembler.

Je n'étais pas sorti de là galvanisé : dans cet inventaire des malheurs terrestres, j'apercevais mal quel combat mener. On se sentait plutôt condamné à patauger dans la tristesse, mais je me disais : « Bon, elle débute. Elle vient d'être nommée. Une infirmière, malgré cinq années de gouvernement, elle n'est pas encore habituée au public, aux harangues, à tout ça. Faut lui donner une seconde chance. » Cinq ans plus tard, rien n'avait changé : elle trônait toujours comme médaille d'or de la compassion. Et toujours sans « classe », sans « adversaire », bref, sans aucune mise à nu – forcément simplifiée – des structures sociales.

Ce trou témoigne d'un trouble.

Que l'ancien ministre communiste Anicet Le Pors s'efforce de théoriser : « Que faut-il faire ? » s'interroge-t-il, notant les « renoncements » de la gauche. « L'intérêt de la crise est de renvoyer chacun vers sa propre responsabilité. Et comme on n'a plus de systèmes globaux auxquels adhérer, qu'il s'agisse de l'État providence ou surtout du marxisme, c'est à chacun de reconstruire son être politique. » Voilà qui ne tranche pas avec l'air du temps : l'interviewé pourrait piger à *Psychologies Magazine* (où l'on préconise aussi que « chacun reconstruise son être »), ou conseiller au cabinet en éthique boursière de Nicole Notat (qui à son tour « renvoie chacun vers sa propre responsabilité »). « Chacun », actionnaire, consommateur ou, ici, militant, est – comme le relève le journaliste de *L'Humanité* – ramené « à une démarche très individuelle ». Et le vétéran du PC de répondre : « Personnellement, je fais partie d'une quinzaine d'associations sur les questions de l'asile, de la fonction publique, du service public et autres. Ce sont quinze engagements personnels dans la société telle qu'elle est. C'est mon génome de citoyenneté. » Une mosaïque de générosités, avec une incohérence assumée. Chez un ex-« cadre » du Parti, passé de la rigidité moscovite au bonheur du bordel ambiant[38]...

Personne n'est préservé. Cette « dés-idéologie » gagne jusqu'à la LCR, jusqu'à Olivier Besancenot.

Le facteur de Neuilly ne transige pas, on le sait, sur « nos vies [qui] valent plus que leurs profits ». Mais lorsque Daniel Mermet lui offre, sur France Inter, l'opportunité de s'exprimer plus longuement sur sa matrice intellectuelle, se révèle un monstre bizarre – un embrouillamini revendiqué : « Quand on regarde un peu le passé, explique-t-il, nous on est pour puiser, notamment quand on cherche à faire un nouveau parti, puiser dans tout ce qu'il y a de meilleur dans la tradition du mouvement social et du mouvement ouvrier. Y a la tradition trotskiste, oui, y a la tradition socialiste, y a la tradition communiste, y a sûrement la tradition libertaire, et y a Che Guevara. » Le leader de la Ligue venait de cosigner un ouvrage sur le révolutionnaire argentin, *Une braise qui brûle encore*, à l'occasion du quarantième anniversaire de son exécution. « Donc on m'a fait passer de porte-parole trotskiste à porte-parole guévariste, je ne suis ni l'un ni l'autre. Je ne me suis jamais défini, moi, comme trotskiste. Le problème, c'est de prendre ce qu'il y a de meilleur chez les uns et chez les autres. » Une forte dose de syncrétisme, donc. Un fourre-tout de tous les trucs sympa, sans trop se biler, pour l'instant, sur les anomalies du collage.

Il précisait alors en quoi le « projet du Che » le séduisait : « C'est ce phénomène de conscience politique auquel lui appelait et qui est peut-être la clé du succès. Pour lui, derrière l'homme nouveau, c'est ça qu'il met. Derrière la morale, c'est ça qu'il met. C'est la conscience. On agit en conscience... De ce point de vue y a quelque chose qui parle encore. » Cette « morale » diffuse n'apparaissait, déjà, que très vaguement politique : plus individuelle que collective. Mais Olivier Besancenot ajoutait encore : « Et peut-être aussi l'idée qu'on a le droit d'assumer sa part de faiblesse, sa part de doute. Et c'est peut-être ça qui parle aussi à ma génération. » Loin de proposer une méthode pour améliorer la société, le guérillero est réduit à un état d'âme : la « conscience », le « doute », la « faiblesse »... Presque un client pour le divan d'un reality show.

Le coauteur, Michael Löwy, insistait d'ailleurs : « C'est très important, cette idée que le Che n'est pas une pensée achevée, c'est pas un système. [...] C'était quelqu'un plein de contradictions, plein d'intuitions, de limites, de doutes. » Ses apories intellectuelles sont converties en des signes (positifs) d'humanité. Plus sa pensée se révèle « inachevée », pleine de « contradictions », de « limites », bref : pauvre, plus elle devient un argument publicitaire. Car c'est bien d'une opération commerciale qu'il s'agit : le Che est choisi d'autant plus volontiers comme icône du « nouveau parti » qu'il allie allure romantique et légèreté idéologique. Un bon logo pour le lancement[39]...

ÉTEINDRE LA FLAMME

Il faut lui rendre cette justice, néanmoins : à peine arrivé sur le plateau de France 3, Olivier Besancenot martèle qu'« augmenter tous les revenus de 300 €, c'est même pas la révolution, c'est revenir à la répartition Capital/Travail qui existait y a un peu plus de trente ans », et cette opposition « Capital/Travail » charpente, sans ambiguïté, les interventions du leader facteur. Comme de sa consœur de Lutte ouvrière, Arlette Laguiller. Dans les propos de Marie-George Buffet, « la tyrannie des actionnaires, des marchés, des banques » qui « exploitent les hommes et les femmes de ce pays » revient parfois. Et Bernard Thibault murmure toujours qu'« il faudra travailler ce que nous appelons le rapport de forces ». Même le PS compte encore ses passéistes : « Comment pouvons-nous nous émanciper de l'obscurantisme du capitalisme ? » s'interroge le sénateur Jean-Luc Mélenchon.

C'est encore trop, tout ça.

Des taches qui souillent la gauche française.

Une honte quand, en Grande-Bretagne, le New Labour arbore un « nouveau socialisme » pourvu d'« une politique nouvelle pour le nouveau siècle », faite de « nouveaux partenariats avec le patronat ». Quand, en Italie, Romano Prodi reçoit le soutien de son MEDEF transalpin – tandis que son historien, « socialiste », estime que « nous ne pouvons plus défendre une tradition social-démocrate désormais destinée au musée ». Une honte quand, en Allemagne, le SPD a abandonné le marxisme, la lutte des classes et tout le tintouin à Bad Godesberg en 1959 – et annonçait clairement la couleur avec Schröder : « Nous menons une politique industrielle très dure, et les Verts se chargent de la sauce sociale. »

Un stigmate quand, surtout, aux États-Unis, le Parti démocrate avait renoncé depuis belle lurette, depuis l'après-guerre, à sa rhétorique belliqueuse, à « la lutte entre les détenteurs oisifs du capital oisif – comme le proférait Bryan (candidat en 1896, 1900, 1908) – et les masses combatives qui produisent les richesses et les impôts du pays ». La lutte entre « les maîtres des États-Unis [que] sont les grands capitalistes », ainsi que le reprenait Wilson (candidat en 1912, 1916), et « les Américains ordinaires », « les gens du peuple ». La lutte, poursuivait Roosevelt (candidat en 1932, 1936, 1940), entre « les 5 000 hommes qui contrôlent l'industrie américaine », entre le « *big business* [qui] contrôle un gouvernement aux mains de cent ou deux cents malins », et « le petit gars », « l'homme oublié », au « bas de la pyramide économique ». Jusqu'à Truman (candidat en 1948), qui accusait les « riches républicains [...] de planter un poignard dans le dos des pauvres ». Pendant un demi-siècle, eux avaient battu le rappel des injustices de classe, dénoncé les privilèges des élites, fait écho à la colère populaire, mais avec le « nouveau Parti démocrate », sa « nouvelle politique » et sa « nouvelle frontière », c'en était fini de ce populisme, de cette « guerre aux profits » : « L'hostilité des hommes d'affaires envers les démocrates et le New Deal est l'une des absurdités de notre temps », s'étonnait – sans doute sincèrement – Adlai Stevenson (candidat en 1952, 1956). « La libre compétition des entreprises est le système économique le plus créatif et le plus productif que le monde ait connu », stipulait le programme du Parti en 1960. Quatre ans plus tard, Lyndon Johnson lançait – et c'était le jour de la fête du Travail, et c'était à Detroit, capitale de la vie ouvrière : « Nous ne luttons plus entre nous pour une plus large part d'une abondance limitée. À la place, nous travaillons ensemble à accroître l'abondance globale de tous. » Cette ligne court jusqu'à Clinton, jusqu'à Al Gore, jusqu'à Obama – aucun ne se répand en tirades contre un *big business* qui finance leurs campagnes...

Tandis que nous, franchouillards du vieux monde, on lambine encore.

Quarante ans de retard sur nos alliés : il fallait mettre les bouchées doubles. À la poubelle, les « oripeaux gauchistes ou tribunitiens » tels que les dénonce Peillon ! Au « musée », les reliques de 1793 ! Voilà les haillons qu'il faut jeter pour les hérauts de la « refondation », pour Royal, Valls, Delanoë, Strauss-Kahn et toute une école de « modernes » !

Dans la tempête libérale la flamme des luttes vacille ?

Il faut l'éteindre[40] !

Toute la gauche danse sur des sables mouvants, désorientée. Et alors que manque, justement, une colonne où appuyer notre pensée, puis notre action, voici la priorité déclarée : sous couvert d'« imagination », briser les dernières vertèbres encore debout. « Bousculer certains tabous »

– comme y exhorte Vincent Peillon – pour « être mieux en phase avec les attentes de la société », impératif marketing qui se déguise en avant-gardisme politique. L'incohérence des idées est valorisée : le patchwork des « concepts » devient une marque d'« ouverture », une « innovation », on « investit de nouveaux champs ». Tolérants, compréhensifs, tout nous sépare des militants « rigides », « doctrinaires », « dogmatiques », « embrigadés » d'hier. C'est plus souriant.

Mais un sourire suffira-t-il, dans la « guerre des classes », à desserrer la main de fer du Capital ?

Car, après les textes, il faut en revenir au contexte.

Au réel, autour de cette bouillie composée d'« analyses justes », d'« audaces certaines », de « révisions courageuses », autour de toutes les branlettes de la « modernité ».

Le contexte national est connu : « mégaprofits » contre salaires qui stagnent. « Superdividendes » contre précarité à tous les étages. Et même *La Tribune* se montre plus incisive que le PS : « La frustration des salariés traduit une déformation sans précédent du partage de la richesse en faveur des profits et au détriment des salaires. »

Le contexte local, aussi.

Ici, dans le Vimeu.

Sous le nez de Vincent Peillon.

La serrurerie Laperche vient de fermer, malgré des carnets de commandes pleins à ras bord, malgré des projets dans les tiroirs : ainsi en a décidé le groupe Assa Abloy, numéro un mondial du secteur. Watts Industries a racheté la Société française de robinetterie. L'Italien Cisa a gobé le serrurier Bricard avant d'être happé à son tour par l'Américain Ingersoll-Rand. Les Anglais de Swish se sont emparés de Lecat-Porion avant que la boîte ne passe sous le contrôle de Newell Window Fashion France, elle-même filiale de Newell Rubbermaid, basée aux États-Unis, avec pour actionnaires AXA, des fonds anglais, etc. Et chaque secousse actionnariale se traduit par des séismes sociaux, avec des ateliers qui se muent doucement en « pôles logistiques », avec seulement une poignée d'employés conservés pour emballer des produits importés d'Asie, pour étiqueter « Made in France » les tringles en laiton, les poires de douche en partance pour Conforama.

Bref, alors que se déroule, ici comme ailleurs, une « guerre des classes », à quoi s'attaquait l'ex-porte-parole du PS ? Aux multinationales ? Aux fonds d'investissements ? Au capitalisme qui redouble d'une vigueur funeste ? Non : au « marxisme avec cette image de dégénérescence stalinienne ». Un joyeux canular, ou de l'aveuglement[41]...

*

Dans sa barbe de bronze, Jaurès sourit sur la place de Friville-Escarbotin – un sourire d'espérance, son index fougueux dressé vers le ciel.

Mais son front se charge de colère.

C'est qu'il vient de lire son nom dans *Le Nouvel Observateur* : « Cela supposera que nous ayons enfin le courage de nous affranchir des oripeaux gauchistes et tribunitiens, lance Vincent Peillon, des “fanfares d'assaut”, pour parler comme Jaurès, qui nous encombrent encore. » C'est original. Car que fut-il, lui, Jaurès, sinon un « tribun » ? Un « orateur populaire », d'après *Le Petit Robert*, « qui s'érige en défenseur du peuple ». Au passage, voilà une étrange insulte – « défenseur du peuple » – sous la plume d'un socialiste...

Cette citation est enrobée de tout un magma sur « le retour à la vraie tradition », sur « le long détour de la tradition nécessaire à une refondation ». Comme un masque, ce mot « tradition » revient trois fois – pour mieux couvrir la trahison. Et Vincent Peillon rembraye : « Nous sommes, comme le disait Jaurès, individualistes et non étatistes. »

Sans doute l'a-t-il dit, lui, Jaurès, mais qu'a donc répété, et répété encore, le fondateur de *L'Humanité* ? Qu'« entre les deux classes, c'est une lutte incessante du salarié, qui veut élever son salaire, et du capitaliste, qui veut le réduire ; du salarié qui veut affirmer sa liberté et du capitaliste qui veut le tenir dans la dépendance ». Que « le Parti socialiste est un parti d'opposition continue, profonde, à tout le système capitaliste, c'est-à-dire que tous nos actes, toutes nos pensées, toute notre propagande, tous nos votes doivent être dirigés vers la suppression la plus rapide possible de l'iniquité capitaliste ». Que « nous savons très bien que la société capitaliste est la terre de l'iniquité et que nous ne sortirons de l'iniquité qu'en sortant du capitalisme ». Que « pour le peuple, il n'y a plus aujourd'hui qu'un recours, qu'un salut : la force ». Une autre « tradition », plus constante – mais à effacer des mémoires...

C'est le nom de Jaurès, donc, lui qui les portait haut, comme un drapeau, avec fierté, ces « oripeaux » non pas « gauchistes » mais simplement « socialistes », c'est son nom à lui qu'on invoque – Peillon, mais aussi Strauss-Kahn, mais aussi Delanoë – pour se débarrasser de ces précieuses guenilles. Et c'est au nom de Jaurès, toujours, de ce ferrailleur d'idées qui, de toute sa carrière, ne brigua aucun ministère, qui se confronta sans haine mais sans fuite au conformisme bourgeois, dont jamais les sirènes des honneurs n'ont étanché la soif d'Égalité, c'est en son nom à lui qu'on s'autorise aujourd'hui tous les opportunismes électoraux.

Que d'efforts, alors, pour rabaisser deux siècles d'engagements, de violences parfois, de grandeur héroïque aussi, que d'efforts pour rabaisser toute cette geste à la hauteur de la veulerie présente. Combien d'hypocrisies pour que ces valeureux d'hier, qui ont élevé la voix face au malheur des modestes, qui se sont escrimés contre les puissances de leur temps – l'Argent indéboulonnable, mais aussi l'Église ou l'Armée –, combien d'hypocrisies pour que ces braves fantômes endossent un costume trop petit pour eux.

Celui du muet devant l'injustice.

Celui du sophiste qui ratiocine sur la « perte des repères » et le « monde opaque ».

Celui du prudent qui ne prend pas parti dans la « guerre des classes » – et soutient *de facto* les vainqueurs par son abstention...

Sur le chemin de croix d'un peuple jadis de gauche, les socialistes jouent le rôle de Ponce Pilate : pourquoi combattre ? Contre quel ennemi ?

Le champ de la bataille sociale est déserté.

Libre pour la droite.

Qui va l'occuper à sa manière, et avec succès...

TROISIÈME PARTIE

Dans la droite
Négation

Ceux qui l'emportent, quelle que soit la manière, jamais n'éprouvent de honte.

Machiavel.

« Toulouse, qui fut la ville de Jaurès ! Toulouse, ce soir, elle est là, la ville que j'aime ! »

La statue tremble maintenant, carrément, sur la place de Friville : imposture ! Et, partout dans le pays, les plaques à sa gloire vibrent au coin des rues : imposture ! Ses bustes chancellent dans toutes les villes de France : imposture !

« Toulouse, qui a compris depuis bien longtemps que la gauche d'aujourd'hui n'avait plus grand-chose à voir avec la gauche de Jaurès. Les valeurs que la gauche a trahies, je veux les remettre au cœur de la vie politique française. Jaurès disait : “La nation, c'est le seul bien des pauvres.” La gauche a abandonné la nation à l'extrême droite. »

Lui, le dreyfusard, l'égalitaire, le pacifiste, Jaurès qui avait déchaîné tant de haines jusque dans sa mort – son meurtre à la veille de la guerre, son assassin acquitté après l'armistice, les trois cortèges divisés, les socialistes, les communistes, les nationalistes, lors de son transfert au Panthéon en 1924 –, Jaurès qui avait débridé tant de passions, et voilà que, tranquillement, aujourd'hui, Nicolas Sarkozy l'évoquait comme un vieux sage, presque apolitique, apolémique :

« Jaurès disait à la jeunesse – écoutez-le bien ! – : “Il faut que, par un surcroît d'efforts et par l'exaltation de toutes vos passions nobles, vous amassiez en votre âme des trésors inviolables.” Jaurès n’avait pas peur de parler de l’âme d’un citoyen français. »

C’est tout un symbole, cette récupération.

Symbole de tout ce terrain lissé, de toutes ces idées délaissées.

Car à force de lire Jaurès revisité par Peillon, ou Royal, à force de platitudes, on s’est habitué à ce Jaurès bon père de famille, moraliste sévère, alignant gentiment les poncifs : « Le courage, c’est de choisir un métier et de le bien faire, quel qu’il soit », « Je suis de ceux que le mot Dieu n’effraye pas », autant de pensées creuses à graver au centre des assiettes en porcelaine. La gauche a si bien affadi sa propre histoire, elle l’a tant radouci, lui, Jaurès, le révolutionnaire serein, repeint en un démocrate modéré, un brin lyrique mais asexué, prêt pour aucun combat, elle l’a tellement mutilé, sans poings à serrer, sans bras pour se battre, que Nicolas Sarkozy peut maintenant l’embrasser sans péril. Même sa barbe ne pique plus.

Et de porter l’estocade :

« Jaurès aimait les travailleurs, il les respectait. Aux mineurs et aux verriers de Carmaux, dont il était le député, il disait : “Je ne demande qu’une chose, c’est de rester digne de vous.” Cela fait bien longtemps que la gauche ne parle plus des travailleurs. Jaurès récusait la lutte des classes et le marxisme. »

C’est un mensonge, bien sûr : le philosophe et historien Jaurès a pleinement assimilé le « marxisme » à sa pensée, sans réduire sa pensée au « marxisme ». Et il faut lire cette controverse avec Jules Guesde où, à Lille, devant un auditoire méfiant, il définit avec méthode « le principe de la lutte des classes », « qui suppose d’abord la division de la société en deux grandes catégories contraires, les possédants et les non-possédants ; qui suppose ensuite que les prolétaires ont pris conscience de la société de demain et de l’expérience collectiviste ; la lutte de classe s'est complétée par la conviction acquise par le prolétariat qu'il devait s'émanciper lui-même et pouvait seul s'émanciper ». L'orateur emporte alors l'adhésion : « Applaudissements prolongés. Bravos », note le secrétaire de séance.

Mais quel socialiste viendra rappeler ce Jaurès-là ?

Son camp a ôté ses épines.

Ne restait plus à la droite qu'à cueillir son souvenir.

Inoffensif, désormais, anodin.

Et, suprême audace : cet ancêtre, aussi consensuel que fictif, Nicolas Sarkozy le brandit pour exiger des socialistes qu'ils s'apaisent encore, qu'ils se repentent toujours ! « Jaurès récusait la lutte des classes et le marxisme. La gauche d'aujourd'hui n'en a pas fini avec la lutte des classes ni avec le marxisme. »

Nicolas Sarkozy s'invente ainsi, au fil des discours, un adversaire qui n'existe plus : une gauche épouvantail à bourgeois. « Il y a ceux qui veulent diviser pour régner. Nous sommes de ceux qui veulent rassembler. Il y a ceux qui attisent encore la lutte des classes et il y a ceux qui disent que le sort de chacun dépend de celui de tous. »

Lui demeure le seul, dès lors, avec Jean-Marie Le Pen, à prononcer l'expression « lutte des classes ». Pour la dénier, bien sûr : « Être de droite, c'est refuser de parler au nom d'une France contre une autre. C'est refuser la lutte des classes. »

Comme s'il suffisait de la « refuser » pour qu'elle n'existe plus[42]...

UNE « GUERRE » SANS NOM

Lui incarnait l'inverse, pourtant.

Une « guerre des classes » en cours.

Avocat d'affaires.

Maire de Neuilly.

Copain avec la moitié des patrons du CAC 40.

« Frère » de l'autre moitié.

Argent et médias comme appuis.

Caricature qu'on esquisse à peine tant on regrette, déjà, d'aligner ces banalités : « Les plus riches, recommandait Machiavel, voyant qu'ils ne peuvent résister au peuple, commencent à donner réputation à quelqu'un d'entre eux et le constituent leur prince, afin de pouvoir, à son ombre, soûler leurs appétits. »

Mais Nicolas Sarkozy s'est bien grimé, durant la campagne. Il a visité des industries, entouré de « bleus ». Il a porté des casques sur des chantiers du bâtiment. Il a promis des emplois pour tous. Il a magnifié cet univers qu'il découvrait : « Dans les usines on parle peu. Il y a beaucoup de pudeur chez les ouvriers. Je ne veux pas que cette culture ouvrière se perde. » Il a vilipendé la Finance : « Je ne crois pas à la pérennité d'un capitalisme dans lequel l'homme ne compterait pas, dans lequel le chef d'entreprise n'aurait de responsabilité que vis-à-vis de ses actionnaires sans en avoir aucune vis-à-vis de ses salariés, de la société, de son pays, des générations futures. Je ne crois pas à la survie d'un capitalisme où toute la propriété est diluée dans la Bourse. » Il a traversé le pays en répétant : « La France du travail doit être encouragée, doit être récompensée, doit être remerciée, doit être montrée en exemple », etc.

Et, surtout, il a caché ses riches amis.

Sous le tapis.

Pas sur la photo.

Hors du champ des caméras.

Pffft, disparus, envolés.

Tellement invisibles, soudain, oubliés de tous, que rappeler ces liens s'apparentait à une injure, quasiment. D'où cet échange écourté avec Xavier Bertrand, porte-parole du candidat, au quartier général de l'UMP.

Alors que je l'interrogeais sur ECCE, « un sous-traitant de LVMH qui délocalise en Pologne, dont les ouvrières gagnent 240 000 fois moins que Bernard Arnault », le futur ministre du Travail estima, d'entrée, que mes « amalgames frisent tout de même la démagogie » : « Dans ces cas-là, préconisait-il, il faut rendre les délocalisations beaucoup moins attractives. Et nous devons nous poser la question des charges que nous avons dans notre pays. Quand nous voulons diminuer les prélèvements obligatoires, c'est parce qu'ils sont de véritables boulets, de véritables freins en la matière... »

Il fallait aider, donc, le patron de LVMH.

Dont le patrimoine, en 2006, n'avait augmenté que de 3 milliards d'euros.

Devant tant de bon sens, comment ne pas s'incliner ?

« Je reviens quand même à mon exemple, parce que les salariés ont écrit à Nicolas Sarkozy, d'autant qu'ils ont découvert que Bernard Arnault avait été témoin de mariage de Nicolas Sarkozy...

– Quel raccourci vous voulez faire, s'il vous plaît ? hausse-t-il le ton.

– Quand Bernard Arnault est témoin de mariage de Nicolas Sarkozy, avec M. Martin Bouygues, qu'Arnaud Lagardère...

– Qu'est-ce que vous voulez dire, s'il vous plaît ?

– Ben, je me demande si, en tant qu'avocat d'affaires, euh, Nicolas Sarkozy n'aura pas tendance à défendre davantage...

– Je ne vous permets pas de dire ça. C'est un raccourci qui de votre part est quand même très très surprenant. Et là, qu'est-ce que vous voulez dire ?

– Bah, je me demande...

– Qu'est-ce que vous voulez dire, s'il vous plaît ?

– Bah, je vous le dis. Je me demande s'il n'aura pas davantage tendance à défendre les intérêts de personnes qui sont les premières fortunes de France, plutôt que ceux des personnes qui touchent 1 000 € à Poix-du-Nord. »

Xavier Bertrand repoussa le micro : « C'est ça, votre interview ? » Il quitta la table, outré : « Du populisme ! Oh, le propos... Du populisme ! »

C'étaient des évidences, déjà, pour tous.

Mais des évidences interdites.

Sitôt la victoire acquise, cependant, le naturel est revenu au triple galop.

Fête au Fouquet's entre Martin Bouygues, Vincent Bolloré, Bernard Arnault, Antoine Bernheim, Albert Frère, Serge Dassault, etc.

« Retraite » spirituelle, le lendemain, sur un yacht à Malte – qui coûterait 193 431 € la semaine, plus 85 000 € le « drop » en jet privé.

Le candidat de l'« Union pour un mouvement populaire » tombait le masque, et c'est en président de la ploutocratie qu'il entrait à l'Élysée.

Qu'importe, c'était fini : on pouvait se relâcher.

Le sujet devenait autorisé : des journalistes en firent même des livrets à succès.

Les premières décisions tombèrent, conformes aux prévisions : pour les uns, un « bouclier fiscal », l'« allégement des droits de succession et des donations », des « dividendes taxés forfaitairement à 16 % » (et non plus à 30 %), la « réduction de l'impôt sur la fortune », la « réduction des taxes sur les plus-values », la « dépénalisation des délits financiers »... Pour les autres, le « quasi-gel du SMIC », la « retraite d'office à 60 ans supprimée », l'« instauration d'une franchise médicale », un « plan antifraudes aux prestations sociales », « pas plus de deux refus d'offre d'emploi pour les chômeurs », la « suppression des régimes spéciaux », « 9 400 postes d'enseignants supprimés ».

Et tout cela, bien sûr, en « refusant la lutte des classes ». Car « lorsqu'il s'agit de la France, il n'y a pas de camp »...

C'est une constante, à droite, que de livrer cette guerre mais sans la dire avec au contraire du « pays rassemblé », des « valeurs partagées », du « vivre ensemble » plein la bouche.

Lorsque, en 1974, à l'apogée de la menace rouge, contre des socialistes qui veulent « renvoyer la France à ses vieilles querelles, à ses vieilles divisions, à ses haines rancies », Valéry Giscard d'Estaing « convie les Français au rassemblement, à la modération, à l'union et non pas à l'affrontement », ce balancement, impeccable, a déjà roulé de siècle en siècle, a déjà été poli, avant lui, par un Pompidou, un Poincaré, un Barnave.

Même Adolphe Thiers.

Même lui pose au « rassembleur ».

Qu'on admire le chef-d'œuvre.

En mai 1871, l'homme a retourné les canons contre la Commune de Paris. Il a présidé aux fusillades d'innocents, aux égorgements d'enfants, aux déportations de femmes. Ses pieds baignent dans le sang de la boucherie, il s'en félicite d'ailleurs en privé : « Le sol de Paris est jonché de cadavres. Ce spectacle affreux servira de leçon. » Il s'applaudit en sourdine : « La répression a été terrible ; elle a tué la démagogie pour trente ans. » Mais sitôt l'alerte passée, dès juin, à la tribune de l'Assemblée, le même repousse avec vigueur l'impôt sur le revenu – qu'il juge « funeste, dangereux, déplorable ». Et pour quelle raison ? Parce qu'il se soucie avant tout de la concorde civile ! « Ce serait un impôt de discorde. Le peuple n'a pas besoin, il faut bien le lui dire et le lui répéter, d'appauvrir le riche pour être heureux lui-même. » Aussi le chef du gouvernement ne consent-il « à rien de ce qui pourrait troubler le repos des esprits et ajouter des brandons de discorde ». Il préserve ainsi l'harmonie sociale : aux gueux on peut ôter la vie, aux nantis on n'enlèvera pas un sou.

L'argent n'a pas d'odeur, dit le proverbe.

Il ne fait pas de bruit, surtout.

Enrichir les riches, cette politique se mène sans esclandre. S'habille de touchants discours, même.

La « conscience de notre pays » : voilà comment Gilles de Robien se prosternait devant l'abbé Pierre en 2004, et il se lançait dans une envolée chrétienne sur ces « plus démunis [qui] ont besoin de logements, mais aussi d'un travail, d'une scolarité, d'une Sécurité sociale viable, de respect et d'amour ». Avant d'achever : « Soyez sûrs que nous serons tous prêts et résolus à répondre "présent" à votre appel. » Œuvrant au ministère de l'Équipement, c'est avec doigté que ce décideur répondit « présent » : il gela les crédits destinés aux HLM – si bien que la fondation Abbé Pierre considérait 2003 comme « la pire année pour le logement social en France depuis 1953 ». En cette même année 2003, pourtant, l'humaniste UDF lançait un « produit de défiscalisation » particulièrement avantageux : avec « le Robien », s'enthousiasmait, parmi d'autres, le site www.defiscalisationonline.com, « le rendement de l'immobilier est supérieur au rendement de la majorité des produits financiers ». Du coup, la fondation Abbé Pierre estimait, *a posteriori*, que « le "Robien" aura contribué, avec l'aide de l'État, à fabriquer une autre ségrégation sociale, par l'éviction des pauvres de toutes les zones urbanisées marquées par cette mécanique inflationniste ».

Des pauvres « évincés ».

Des possédants « défiscalisés ».

Mais qui verrait dans ce bilan une « lutte des classes » ? Gilles de Robien la dénonçait, au contraire : « Locataires et propriétaires s'opposent dans un relent de lutte des classes, attisé par certains mouvements politisés, ce qui me paraît improductif. » Et le même concluait : « L'idéologie est mauvaise conseillère. »

En effet, aider les riches, ce n'est pas de l'« idéologie » : juste du « pragmatisme »[43]...

Mais lui figurait la vieille garde. Un peu catho, hypocrite, classique, quoi. Qui prend sa part dans la « guerre de classes », sans renâcler, mais avec discrétion.

Pas de la jeune génération, décomplexée.

Pas comme Christine Lagarde.

C'est toute une vision de l'« Économie », des « Finances » et de l'« Emploi », déjà, un président de la République avocat d'affaires qui confie ce ministère à une avocate d'affaires – ex-présidente du cabinet international Baker & McKenzie, américaine d'adoption : non pas simplement « liée aux milieux de l'argent », donc, mais baignant dedans, y appartenant de toutes les fibres de sa carrière, émettant un serment de « loyauté à [sa] firme » et non à sa nation, incarnation de l'hyperclasse hypermobile hyperactive et hyperfriquée, abonnée des vols intercontinentaux en *business class* et qui conseille néanmoins aux Français – face à la hausse du pétrole – « d'oublier leurs véhicules au profit de leurs deux jambes et de leurs deux-roues ». Il est vrai que, avant elle, c'est le PDG d'Usinor, Francis Mer, puis le PDG de France Télécom, Thierry Breton, qui avaient occupé Bercy. Depuis quelques années, le Capital ne délègue plus : il se charge de ses dossiers directement.

Juillet 2007, donc.

C'était le projet phare de la « rupture » : Christine Lagarde présentait à l'Assemblée la loi TEPA sur « le travail, l'emploi et le pouvoir d'achat », surnommée « paquet fiscal ».

« Durant ces derniers mois, que nous ont dit les Français ? introduisait cette messagère du peuple. Qu'ils voulaient non pas des rentes aléatoires, mais un salaire mérité. » Et c'est pour ces « employés », donc, pour ne pas « surtaxer l'argent gagné », que « nous avons choisi, dans l'article 5, d'abaisser le bouclier fiscal de 60 à 50 % des revenus ». Voilà qui ne concernait, déjà, que les foyers les plus aisés. Quant à « l'article 6 », tout aussi soucieux des masses, « il incite nos concitoyens redevables de l'ISF [impôt sur la fortune] à investir dans le capital des PME, ou à effectuer des dons au profit d'organismes d'intérêt général. Ils bénéficieront à ce titre d'une réduction d'ISF égale à 75 % de l'argent versé, dans la limite de 50 000 euros par an ». Des alinéas étaient même conçus spécialement pour moins de deux mille contribuables, le très haut du panier : « Aux banquiers français partis travailler à la City, exhortait l'oratrice, aux exilés fiscaux réfugiés en Belgique, à tous nos compatriotes qui cherchent les clés des paradis fiscaux, nous ouvrons nos portes. Nous leur disons : “Revenez, ce n'est pas le purgatoire, ici.” »

Car eux pétrissent la « pâte en train de lever qui engendre une dynamique ». Dont les salariés récolteront les miettes. Tandis que, pour les chômeurs, « tous les jours sont dimanche », « oisiveté récompensée ».

Mais qui verrait dans ces faveurs aux favorisés une « lutte des classes » à l'œuvre ?

Au contraire ! conteste Christine Lagarde. « La lutte des classes est une idée essentielle pour les manuels d'histoire », admet-elle, et seulement pour les « manuels d'histoire » : elle « n'est plus d'aucune utilité pour comprendre notre société ». Cette ministre en est la preuve vivante... « Cessons d'opposer les riches et les pauvres, comme si la société était irrémédiablement divisée en deux clans », poursuit-elle. Des « querelles » d'autant plus dépassées que « le travail met l'ensemble des professions sur un pied d'égalité : le grand patron comme le petit employé savent ce que cela signifie, une “journée de boulot” », et qu'importe si cette « journée de boulot » rapporte mille fois plus à l'un qu'à l'autre.

Rengaine connue de l'unité nationale – contre la désunion sociale : il faut souder la communauté pour affronter la concurrence, un genre de patriotisme économique, au fond. « La mondialisation que nous vivons aujourd'hui nous impose de travailler plus et mieux qu'avant. Nous entrons dans un monde hautement concurrentiel, où l'excellence est de mise. Les femmes et les hommes de l'Inde, de la Chine, du Brésil ou de l'Afrique du Sud ne ménagent pas leur peine. Ils se dressent devant nous avec tout le poids de leurs certitudes, tandis que nous voguons sur nos états d'âme. Il n'est plus temps de laisser du temps au temps. Le temps, ça se gagne. »

Et exiger moins d'inégalités constituerait, à coup sûr, une « perte de temps »[44]...

Tant de zèle a rendu cette harangue provocante : c'est une petite sœur des riches, une missionnaire du profit qui plaidait ici, qui déployait une telle abondance d'images saintes. Hormis le style, fougueux, les arguments sentaient le recyclé. Comme un retour à la monarchie de Juillet : « Les classes moyennes intronisaient sans vergogne le culte du veau d'or et semblaient l'ériger en religion universelle, écrivait Auguste Blanqui. La pensée était honnie, l'idée de justice mise au ban, l'enrichissement à tout prix proclamé la seule vertu. »

Et l'on doit souligner ça.

Que le sarkozysme, en la matière, n'invente rien.

Cette absence de nouveauté ne contient aucun jugement : une opinion n'est pas plus vraie parce qu'elle « innove ». Juste que les conservateurs en reviennent à Mac-Mahon, à Guizot, à Picot, à leur fonds libéral sans honte, sans qu'on leur jette de l'« archaïque » – tandis qu'il faudrait que les progressistes se « modernisent » sans cesse, qu'ils abandonnent leurs génies du XIXe comme des Cro-Magnon d'un âge de pierre, qu'ils enterrent leur socialisme du XXe comme un obscurantisme.

Je reprends.

Le sarkozysme, en la matière, n'invente rien.

Juste une morgue théâtrale en plus. Le son des trompettes en prime.

« C'est une vieille habitude nationale, déplore Christine Lagarde : la France est un pays qui pense. Il n'y a guère une idéologie dont nous n'avons fait la théorie. Nous possédons dans nos bibliothèques de quoi discuter pour les siècles à venir. C'est pourquoi j'aimerais vous dire : assez pensé maintenant. Retroussons nos manches. » C'est une « vieille habitude », aussi, que cet appel à l'efficacité réaliste contre le dogmatisme vain. Que cette distinction entre une gauche qui réfléchit et une droite qui agit.

En 1895, déjà, le député – et intellectuel – Léon Say, ému par la menace des droits de succession, s'emportait contre les « doctrinaires » : « Car je ne crois pas qu'il y ait de doctrinaires plus doctrinaires que ceux des écoles socialistes. Nous n'avons qu'à citer des noms. Est-ce que Karl Marx n'était pas un doctrinaire ? Est-ce que Engels n'était pas un doctrinaire ? [...] Je dis qu'il y a parmi les doctrinaires des gens qui provoquent à la bataille. C'est d'un mort que je veux parler – et qui n'est pas mort dans la bataille. (Rires au centre.) »

Opposée à ces « doctrinaires », à son tour, Christine Lagarde n'est qu'empirisme : « Notre texte prévoit en réalité une politique économique équilibrée, pragmatique (exclamations sur les bancs du groupe socialiste), et non pas dogmatique ou idéologique. » Son allocution est truffée de ces « Regardons la réalité en face », tandis que – sabre en avant – elle s'en prend aux « arguties idéologiques » du PS, à son « dogmatisme dangereux ».

Vieux routiers de cet argumentaire, les parlementaires de l'UMP renchérissent : « Pas d'idéologie ni de dogmatisme, mais un peu de pragmatisme, s'il vous plaît ! », « Voilà qui nous paraît relever du bon sens », « Grâce à vous, nous tournons enfin le dos à un dogmatisme d'un autre âge », etc. Rêve coutumier d'une politique réduite à une technique, qui n'aurait pas à arbitrer entre des intérêts antagonistes... puisqu'elle servirait, sans vacarme, les vainqueurs [45].

Bien sûr, « l'idéologie, c'est toujours les idées des autres », comme le notait Raymond Aron. Mais je crois, je crains que ces élus de droite n'aient raison, en partie, avec leur « pragmatisme ». Tant il suffit de laisser faire la nature, la corruption, sa propre indolence, pour glisser sur la pente de l'ordre social – pour accompagner la victoire des puissants. Tant il faut s'armer de volonté, de patience, d'une idée, pour que change le cours du monde, ou de la « mondialisation » – pour que les faibles remportent une escarmouche.

Quel camp, sinon, quel camp le « bon sens » recommande-t-il de rejoindre dans cette guerre des classes ?

Il faut du Don Quichotte, alors. Qui ne baisse pas sa lance, même de carton. Qui ne s'adapte pas – injonction déguisée à la résignation. Qui ne cède pas aux « Regardons la réalité en face ».

Comme un miroir.

Tautologie du réel qui ne renvoie qu'au réel.

Qui se suffit à lui-même, satisfait.

Quand il faut, à gauche, la connaître, cette « réalité ». Mais la dépasser. Entrevoir un au-delà. Imaginer un autrement. Peser les possibles. Avec une vue dans l'esprit comme un fil conducteur.

L'ORDRE DU MONDE

À quoi bon, côté vainqueurs, déclarer la « guerre des classes » ? À quoi bon la force des mots quand on a pour soi la force des choses ?

Un silence suffit, même.

Un paraphe au bas d'un document.

Qui contiennent plus de violence, souvent, que des cris ou des coups.

Qu'on parcoure, par exemple, l'autobiographie de Bernard Arnault : *La Passion créative*. Que de sérénité ! Que de quiétude dans ces entretiens avec Yves Messarovitch – directeur du groupe Expansion : « C'est un personnage captivant qui se dévoile ici, complexe et étonnant, annonce la quatrième de couverture : pianiste, il a joué avec Seiji Ozawa à Tokyo ; mécène, il aide des causes humanitaires ; amateur d'art, il vient de racheter l'enseigne de vente aux enchères Phillips. Un dernier secret : pour fuir le stress, il se couche parfois très tôt... »

Aucune agressivité, jamais, à l'encontre des prolétaires. Juste un oubli : on cherche en vain, au fil des chapitres, « Flixecourt ». Ou « Beauval ». Ou « Saint-Ouen ». Ou « Ville-le-Marclet ». Ou « L'Étoile ». Ou « Harondel ». Ou « Berteaucourt-les-Dames ». Ou « Abbeville ». Ou « Amiens ».

Aucun site des usines Saint Frères n'est cité.

« Saint Frères » n'est pas mentionné, d'ailleurs.

C'est la source de sa fortune, pourtant.

« Le souci du plan Férinel est de maintenir l'emploi » : Bernard Arnault en personne s'y engageait, en décembre 1984, dans un document adressé à l'État. Et il ajoutait : « Le plan proposé ne prévoit pas de réductions d'effectifs autres que celles correspondant aux mesures déjà décidées par la Compagnie. » Devant le syndicaliste de la CFDT, il posait la main sur son cœur : « Il me racontait comment il allait assurer la survie du textile : “Vous pouvez avoir confiance en moi, monsieur Deroo. Je vais sauver le textile.” J’avais compris que c’était du bluff : ses intonations, tout ça, il manquait totalement de conviction. C’étaient des phrases stéréotypées, toutes faites... Ben ça s’est vérifié : trois ans après, il n’y avait plus grand-chose. »

Ces belles promesses, en effet, ne passeront pas l’hiver. Deux mois plus tard, à peine, le *Courrier picard* notait « une nouvelle saignée » : « 400 nouvelles suppressions de postes dans la Somme sont annoncées : 188 avec la fermeture de Cosserat velours pour fin 1985 ; 40 à l’Atelier central de mécanique (ACM) de Flixecourt et le reste avec le “toilettage” avant cession – imminente – de la bâcherie de Flixecourt et à la corderie de Saint-Ouen. D’autre part, sur Péronne, une centaine d’emplois sont menacés à la Lainière de Picardie », etc. Le mois suivant, le total s’élève à « plus de 3 000 suppressions d’emplois dans le groupe, dont plus de 500 dans la Somme dans l’immédiat ». Et l’intersyndicale assène dans ses tracts : « Arnault patron sans scrupules se moque de la misère des travailleurs et de leurs familles, sa seule préoccupation étant de se remplir les poches. »

Tout fut dégagé.

Sauf Dior.

Une « pépite endormie »[46].

Cet épisode fondateur, Bernard Arnault ne l’évoque qu’avec retenue. Très en filigrane :

« Le succès de l’opération, lit-on dans sa *Passion créative*, reposait sur notre capacité à limiter les pertes de la partie textile, pour faire sortir la vraie valeur des actifs, en particulier Dior. » Puis : « J’ai toujours été extrêmement confiant dans notre capacité à redresser cette entreprise. »

Ou encore : « Nous en avions déduit qu'un certain nombre de mesures de gestion assez simples mises en place très rapidement réduiraient sensiblement l'hémorragie de trésorerie. »

« Limiter les pertes », « redresser cette entreprise », « mesures de gestion » : il le fit avec brutalité, il le dit avec délicatesse. Et il n'a pas tort.

Car quel démagogue, vingt ans plus tard, tirerait un trait d'union entre ce grand patron, 23 milliards de dollars au compteur, et le père d'Isabelle, licencié de Saint Frères, en dépression, qui « n'ose plus se croiser dans une glace » ? Quel populiste dresserait un lien entre le patron du groupe de luxe LVMH, qui s'autocongratule, en juillet 2007, dans sa « Lettre aux actionnaires » (« Nous réalisons des progressions solides auprès de nos clientèles historiques et nous connaissons un essor très rapide dans les pays émergents »), et la ville de Flixecourt, qui, après deux décennies, se remet lentement du démantèlement des filatures comme d'une longue convalescence ? Quel tribun enfin, comparerait la construction du musée Louis-Vuitton (qui « sera une sorte de nuage, une structure vitrée, mystérieuse et changeante au gré de la lumière ») et la « population abandonnée » du Val de Nièvre qui, d'après le dossier d'une assistante sociale, dans les années 80, paraissait un « exemple concret caractéristique de la pauvreté », avec un « cumul des handicaps » (« problèmes de santé physique et mentale », « sous-qualification »...) ?

Aucun.

Et aucun éditorialiste ne porte dans ses colonnes la voix d'un Mourad :

« On a expédié mon père chez Saint Frères, d'office, pour un boulot de chien. Il était payé au SMIC, 3 800 F par mois, et on vivait à douze là-dessus. Les yaourts, la tarte aux pommes, je ne connaissais pas. Les vêtements de classe, ils devaient durer toute l'année. Et encore, beaucoup se fournissaient à la Croix-Rouge.

« Quand la crise est arrivée, l'usine a fermé, et on a couru à la mairie pour des bons d'alimentation. Il fallait quémander, quasiment, s'agenouiller devant les secrétaires, fournir des justificatifs et des justifications, elles en redemandaient, refaire la queue... Toutes ces vexations pour 50, 100, 200 F. Les Restaurants du Cœur, tout le monde a vécu ça, sa file honteuse, ses plateaux-repas. Ça me révoltait : tant de sacrifices, déjà, et mon père qui doit sacrifier sa dignité aussi. »

À la place, on câline le grand homme : « Comment allez-vous passer le réveillon de l'an 2000 ? demande *Paris-Match* à Bernard Arnault. Ressentez-vous votre pouvoir comme un élément de séduction auprès des femmes ? Peut-on faire du sentiment avec une entreprise ? Éduquez-vous vos enfants à ce perfectionnisme ? Qu'est-ce qui vous a donné cet esprit de compétition ? » Sa fortune s'en trouve légitimée : elle repose non sur l'appauvrissement des pauvres, non sur la liquidation sommaire d'une entreprise mal en point, mais sur ses seules qualités personnelles, le « perfectionnisme », l'« esprit de compétition », etc.[47].

Tout cela, très calmement.

C'est sans haine que, traversant une pelouse, nous écrasons des fourmis par milliers.

Ainsi les vainqueurs traversent-ils l'existence.

Sans haine.

Écrasant des vaincus qu'ils ne voient même pas.

Menant une « guerre des classes » qu'ils ne proclament jamais. Qu'ils ne soupçonnent qu'à peine. Qu'ils dénoncent comme un « fantasme » lorsqu'on l'énonce. Tant cette oppression-là, dans ce sens-là, se confond avec la nature. Avec le cours du monde depuis la nuit des temps.

Qui braille encore, d'ailleurs, aujourd'hui ?

Les ouvrières d'ECCE, qui scandent leur hymne :

J'avais un petit boulot,
Sont arrivés de grands salauds,
Qui nous font tous crever de faim,
Et puis s'en mettent plein les mains.

Des gros mots. Des grands cris. Des banderoles voyantes – tendues entre les joailliers. Tandis qu'en face la directrice de Capital Com' réclame leur silence, en appelle au calme avec calme :

« C'est pas en hurlant que vous réglerez quoi que ce soit, les sermonne-t-elle.

– Quand vous avez un gagne-pain et qu'on vous l'enlève, proteste une manifestante.

– Je comprends, madame, je suis mère de quatre enfants, compatit la cadre en tailleur. Mais c'est pas en criant que ça va résoudre le problème...

– Quand on se heurte à un mur, qui dit : "Non, c'est terminé. Y a plus de travail pour vous"...

– C'est quelque chose qui est à négocier éventuellement avec le groupe. En termes de reclassement. Mais ça n'est pas comme ça qu'on règle le conflit. Je suis venue pour essayer d'expliquer, de calmer un peu, d'apaiser le climat. Ce sont des questions qu'il faut négocier au cas par cas.

– Tous ensemble ! » répliquent (en beuglant) les salariées.

À l'intérieur du Louvre, où se tient l'assemblée générale de LVMH, qui vocifère ? C'est Marie-Hélène Bourlard, qui s'époumone – faute de micro – devant des milliers d'actionnaires : « Je suis déléguée CGT à ECCE !

– Ahhhh ! s'exclament, dégoûtés, des petits moyens et gros porteurs.

– Est-ce que vous êtes prêts, poursuit-elle, tournée vers

le PDG à la tribune, est-ce que vous êtes prêts à faire moins de bénéfices pour resigner un nouveau contrat avec ECCE pour garder la production française ? Parce que c'est 147 salariés qui vont être dehors. »

Bernard Arnault regrette ce « ton » agressif, cette « dialectique adaptée à votre fonction de syndicaliste », et il se contente d'un : « Si nous avions annulé le contrat, y aurait pas eu de problème, on n'en aurait pas parlé.

– Vous, vous continuez à délocaliser dans les pays de l'Est ! (Ouh ! huent les premiers rangs.) Y a les 147 salariés qui sont là, j'aimerais que vous les voyiez, que vous osiez les voir, là, dehors, en face, et leur dire : “Je ne veux plus travailler avec vous.”

– Madame, il y a là deux mille personnes qui sont venues pour entendre parler du groupe LVMH... »

Le visage du PDG, impassible, est reproduit sur cent écrans géants. Tandis que notre escadron s'agite dans l'ombre. Et Marie-Hélène tonitrue :

« Est-ce que les petits actionnaires sont prêts à gagner un petit peu moins d'argent pour que 147 salariés vivent encore ?

– Je suis désolé des problèmes que ça peut poser aux personnes, s'excuse Bernard Arnault, mais le problème de fond, c'est la différence de coût de revient, pour un certain nombre de métiers, dont la confection, entre la France et nos voisins de l'Europe. »

Et il passe au point suivant.

Des vigiles, des chargés de la communication, des adjoints à l'organisation nous repoussent avec douceur : « Je crois que le mieux serait qu'on puisse se parler dehors... Ça n'est pas l'endroit pour régler ce genre de problèmes... Je propose que maintenant, dans le cadre du dialogue social, on prévoie une réunion. » Et l'on finit par se ranger à ces vagues promesses. Par sortir de plein gré. Tant on gêne. Et tant ça nous gêne de gêner. On regagne le hall et la voix de Bernard Arnault s'évanouit, « courbes de croissance... lancements de produits... ».

Une parenthèse s'est refermée.

Elle ne changera rien.

Elle n'a jamais eu lieu.

On évacue la salle sans esclandre.

Tout comme Marie-Hélène et ses copines seront évacuées de leur usine. Évacuées de la vie active. Évacuées vers le goulot des « formations », des « stages », des « services à la personne ».

Ils sont éternels.

Rien de neuf avec un Bernard Arnault.

Rien de neuf avec une Christine Lagarde.

Bonnes consciences inamovibles.

Ils n'ont pas bougé, ces *Misérables* de l'âme, chers à Hugo, « hommes souriants, brodés, dorés, enrubannés, constellés, en bas de soie, en plumes blanches, en gants jaunes, en souliers vernis », eux qui, « accoudés à une table de velours au coin d'une cheminée de marbre, insistent doucement pour le maintien et la conservation du passé, du moyen-âge, du droit divin, du fanatisme, de l'ignorance, de l'esclavage, de la peine de mort, de la guerre, glorifiant à demi-voix et avec politesse le sabre, le bûcher et l'échafaud ».

C'est le marché qu'ils glorifient aujourd'hui, la « concurrence libre et non faussée » de l'Atlantique à l'Oural, le « capitalisme [qui] reste le meilleur système », dixit Bernard Arnault – et, assis sur sa montagne de dollars, on comprend son point de vue. « À condition, ajoute-t-il, à condition de ne pas introduire trop de régulations, ce qui donnerait aux États un pouvoir excessif ». Et l'on comprend à nouveau son point de vue.

À Valenciennes, Agnès se lève à 6 heures et quart, « le radio-réveil est réglé ». Elle prend le bus, « au bout de la rue », à 7 heures moins vingt : « Une deuxième voiture, ça coûte trop cher, le car c'est seulement 19 € par mois. » Elle arrive à ECCE à 8 heures (c'est dans l'atelier qu'on l'interroge : un fer fume derrière elle, un fer qui l'a déjà brûlée, une marque rouge au poignet : « À une époque, la direction avait ôté les sécurités »). Elle rentre à 18 heures à *sa* maison, et c'est presque la sienne : « Encore trois ans et on aura fini de la payer. Elle est jolie, je me plais chez moi. J'aurais du mal à m'en séparer. » Avec ses vingt-sept années d'ancienneté, elle touche « 1 095 € avec la prime de production » : « Les vacances, je ne me souviens pas être partie, du reste. Mais bon, comme on se plaît dans le jardin, pour nous, c'est le soleil tous les jours... »

Une vie de labeur, de bonheur aussi, qui ne saurait durer. Loin d'elle, à Paris, les « hommes souriants, brodés, dorés, enrubannés » d'aujourd'hui, les « barbares » tranquilles, civilisés, modernes même, des médias, des firmes, des banques, des cabinets d'expertise et d'audit et de marketing, insistent doucement, désormais, sur le maintien et la conservation de la « compétitivité internationale », sur le « coût de revient », sur les « contraintes fiscales, sociales », sur la nécessaire « modération des salaires », sur l'inéluctable « abaissement des cotisations ».

Elle se mène si courtoisement, cette « guerre des classes »...

Contre-attaque mondiale

Pourquoi ne tremblent-ils plus ?

Bernard Arnault s'était réfugié aux États-Unis, en 1981, à l'arrivée de François Mitterrand. Les syndicats l'effrayaient, auparavant, il rasait les murs les jours de cortège. Et lui se plaint encore, comme si les mânes de Robespierre rôdaient, de cette « société française très marquée par les idées socialo-marxistes », de ce « préjugé tenace sur l'égalitarisme », de ce « blocage culturel des Français », de cette « mentalité française encore fortement imprégnée d'idéologie, de théorie du partage égalitariste », de cette « notion perverse selon laquelle il faut prendre aux riches », etc. Mais il ne frémit plus. Même devant la « diablesse rouge », lui ne s'emporte même pas : il l'ignore.

D'où ce poltron tire-t-il son assurance ?

Il n'en fait pas mystère.

Au contraire, régulièrement il s'en explique :

« Les entreprises, surtout internationales, ont des moyens de plus en plus vastes et elles ont acquis, en Europe, la capacité de jouer la concurrence entre les États. [...] L'impact réel des hommes politiques sur la vie économique d'un pays est de plus en plus limité. » Et de conclure lui-même : « Heureusement. »

Il complète :

« Nous évoluons dans un système beaucoup plus mobile qu'il y a une quinzaine d'années. Face à cela, que peuvent faire les États ? Il leur est pratiquement impossible de s'opposer à une mobilité des entreprises à travers l'Europe. À quel titre empêcherait-on une entreprise française de s'implanter en Grande-Bretagne, en Allemagne ou aux Pays-Bas ? »

C'est lui qui menace le gouvernement, presque, doucement : « Toute velléité nationaliste est vouée à l'échec. À trop augmenter les charges sociales et imposer les 35 heures à des entreprises qui n'en ont pas les moyens, le gouvernement risque d'accélérer le processus de délocalisation d'un certain nombre d'usines en Angleterre ou en Allemagne. »

Et, à propos d'ECCE, il précise :

« Est-ce que Givenchy doit être le seul, sur le marché international, à payer ses costumes le double du prix que paient ses concurrents ? Qu'est-ce que vous en pensez, en tant qu'actionnaires de LVMH ? Alors moi, je ne suis pas responsable, si vous voulez, des problèmes qui sont structurels à l'évolution de cette mondialisation, de cette [il détache les syllabes] eu-ro-pé-a-ni-sa-tion. »

Avec pareil socle, l'ordre est bien établi. Solide. Pas de quoi paniquer au moindre chahut. Leur mur d'argent, déjà robuste, est désormais entouré d'un rempart nommé « Europe ». D'un blindage étendu au « monde ».

Et c'est sa force, à cette « guerre des classes ». Elle se fond dans le paysage universel, et en devient invisible. Chaque coin du globe la renforce [48].

Contre ces rois Midas qui transforment la misère en or, on gaspillerait notre indignation.

Mieux vaut comprendre.

Comprendre comment ils ont obtenu cette « situation nouvelle », ces « moyens de plus en plus vastes », cette « capacité en Europe de jouer la concurrence entre les États », ce « système beaucoup plus mobile qu'il y a une quinzaine d'années ». Comprendre comment, avec quels alliés, sous quels motifs, ils ont remporté tant de batailles.

Alors qu'ils pliaient, pourtant, des accords de Grenelle (1968) à la quatrième semaine de congés payés (1969), jusqu'à la création du SMIC (1970) et au chômage indemnisé à 90 % du salaire brut (1974). Les conquêtes sociales avançaient comme un rouleau compresseur : sur cette décennie 70, les salaires grimpaient nettement plus vite que la croissance. La France mais aussi l'Italie, la RFA, l'Angleterre enregistraient des grèves à tire-larigot. Le taux de profit diminuait : c'était l'« euthanasie des rentiers » promise par Keynes.

« Nous sommes tous keynésiens maintenant », proclamait d'ailleurs, à Washington, le républicain Richard Nixon. Pendant que, à Paris, Jacques Chirac s'attaquait au « libéralisme conservateur » de l'équipe Giscard-Barre, encensait la

« planification », revendiquait un « travaillisme à la française », classait le gaullisme « à gauche ». Les patrons, de même, évoquaient la « classe ouvrière », la « rupture avec le capitalisme », l'« autogestion ». Pour les contester, certes, mais ils en parlaient : sur le reculoir.

Puis la vapeur s'est inversée.

Par quel miracle ?

Georges Pompidou avait prévenu, déjà, alors qu'il ouvrait les vannes : « Vous avez pendant cinquante ans vécu à l'abri de protections inadmissibles. Pendant cinquante ans, vous étiez tranquilles. [...] Et puis tout à coup, on va se trouver dans ce qu'on nous a demandé, c'est-à-dire la liberté de concurrence, et la liberté de concurrence cela veut dire que ceux qui produisent le mieux et le meilleur marché gagnent. Et, à ce moment-là, bon nombre de nos industriels et de nos commerçants commencent à prendre peur. Mais c'est eux qui l'ont souhaité, ce Marché commun, qui l'ont réclamé. Et d'ailleurs, ils ont eu raison. Seulement, il faut en prendre les risques, il faut dire qu'à partir de ce moment-là il n'y a plus de repos. [...] Il s'agit de se dire qu'ils sont toujours menacés par la concurrence, qu'il faut toujours qu'ils fassent mieux, qu'il faut toujours qu'ils produisent à meilleur compte, qu'il faut toujours qu'ils vendent de la meilleure marchandise à meilleur prix, et c'est cela, la loi de la concurrence et la seule raison d'être du libéralisme. Car si ce n'est pas cela, je ne vois pas pourquoi on se livrerait à ce genre de spéculation, pourquoi on prendrait tous ces risques et tous ces dangers. »

Du sang, de la sueur, des larmes : et, effectivement, on ne voit pas bien « pourquoi »[49]...

D'autres le voient plus clairement, maintenant.

Avec, en plus, le recul de l'expérience.

Ainsi d'Yves Messarovitch, le confesseur de Bernard Arnault – qu'obsédait encore la prospérité des ouvriers de

Saint Frères, apparemment : « De la libération des prix à la flexibilité du marché du travail en passant par la fiscalité, c'est à notre engagement européen, et à lui seul, que nous devons autant de réformes successives, que nous n'aurions pas su, ou pas pu mener nous-mêmes. » L'avenir s'annonçait tout aussi prometteur : « Là où la fiscalité pénalise l'économie, la concurrence intra-européenne exercera une pression telle que nos futurs gouvernements devront renoncer à quelques aberrations qui alimentent d'importantes sorties de capitaux. Citons-en trois : l'ISF, l'impôt sur les bénéfices des entreprises et les tranches supérieures de l'impôt sur le revenu. »

Et l'ex-numéro un du MEDEF, Ernest-Antoine Seillière, applaudissait à son tour : « La contrainte européenne joue à plein pour orienter notre pays dans le sens d'une certaine forme de réforme. [...] La contrainte européenne est installée dans la société française. » Son numéro deux, Denis Kessler, confirme : « L'Europe est une machine à réformer la France malgré elle. » Tandis qu'Alain Minc (sous la houlette d'Édouard Balladur) évoque « un forceps pour réformer la société française ».

Que de bienfaits apportés !

Que de « dangers » écartés, finalement !

Le « rapport de forces » national était-il devenu intenable ? On avait franchi la frontière, on l'avait contournée par l'international. Et désormais, dès qu'un socialiste propose une mesurette, dès qu'on songe à taxer les « superprofits de Total », un sarkozyste assène : « Cela aurait comme effet que le groupe mette son siège à l'extérieur du pays. » Même quand une grève éclate, non plus à Billancourt mais par exemple en Roumanie, chez Renault-Dacia, aussitôt le constructeur automobile « rappelle que les six autres usines mondiales qui fabriquent la Logan, au Maroc, au Brésil, en Inde, etc., vont monter en puissance ».

Les reconquêtes du patronat sont gravées dans le marbre, quasiment pour l'éternité : « une assurance-vie contre le socialisme », d'après Alain Madelin – le libéralisme comme horizon historique indépassable. Et, de fait, on n'en sort plus. Les discours se répètent, tournent en rond : « réformes » qui appellent d'autres « réformes », « ouvertures » qui entraînent de nouvelles « ouvertures », toujours « nécessaires », « inéluctables », etc.

À tel point qu'on aurait cru, la semaine dernière, que Georges Pompidou reprenait du service : « Depuis vingt ou vingt-cinq ans, la France était un peu endormie. Le monde change. Le monde a changé et la France ne s'est pas adaptée au même rythme que les autres. Le monde a changé parce que, il y a cinquante ou soixante ans, il y avait les pays en première division qui étaient assurés de le rester, et la France était de ceux-là. Et puis est venue la mondialisation, qui a transformé le monde en un village, et tous les pays du monde aujourd'hui, quelle que soit leur taille, s'ils travaillent, s'ils sont intelligents, s'ils sont volontaires, peuvent accéder à la première division. Autrement dit, la place n'est garantie pour personne. Si on veut le plein emploi, si on veut le pouvoir d'achat, si on veut la croissance, si on veut le développement, il faut compter sur ses propres forces. Le monde s'est mis en mouvement, et depuis vingt-cinq ou trente ans la France n'a pas évolué au même rythme. »

Mais non.

On était bien le jeudi 24 avril 2008, et c'était Nicolas Sarkozy. Avec la litanie immuable du « monde », de la « mondialisation », de la nécessité de « changer », de « s'adapter », de « réformer », de rogner sur le bonheur des humbles [50].

Mardi 29 avril, maintenant.

Cinq jours plus tard, le même Nicolas Sarkozy la construisait activement, la « mondialisation ». Il se rendait en Tunisie pour échafauder sa future Union de la Méditerranée.

Je cite France Inter : « “Vous avez une main-d’œuvre qui ne demande qu’à être formée”, a-t-il déclaré à l’adresse des Tunisiens. “Nous avons beaucoup d’intelligence et beaucoup de formation.” Nord et Sud peuvent créer ensemble “un pôle gagnant-gagnant qui concurrencera l’Asie”, a-t-il ajouté. “Ensemble, avec votre main-d’œuvre, avec nos écoles, nos universités, avec ce que nous échangerons, nous pouvons créer un modèle qui triomphera dans le monde entier.” »

« Main-d’œuvre. »

« Main-d’œuvre. »

Deux fois en quinze secondes.

C’est qu’il faut saisir leur crainte, refoulée, secrète : qu’avec le papy-boom, qu’avec notre fécondité laborieuse, la démographie se retourne en Europe. Que la « main-d’œuvre » disponible se fasse plus rare, et donc plus chère : « Le pire ennemi des profits, c’est le plein emploi », résume, plein de bon sens, le stratégiste financier François Chevallier. Comment éviter, alors, dans les décennies à venir, malgré la chute des naissances, cette catastrophe : le « plein emploi » ? Seule solution : augmenter le réservoir de « main-d’œuvre ».

En repoussant l’âge de la retraite pour les vieux. En incitant les femmes à rejoindre la « vie active ». En remettant les chômeurs au boulot dare-dare. En exportant le travail dans le tiers-monde. En important, ultime recours, des travailleurs du tiers-monde.

Autant de leviers pour ne jamais approcher du « plein emploi », pour maintenir une concurrence permanente, rigoureuse, sur le marché du travail : « Pour obtenir un ajustement donné des salaires, recommande sans chipoter l’OCDE, il faudra un niveau plus élevé de chômage conjoncturel. » Quitte à le fabriquer, si nécessaire.

Laurence Parisot, en voyage à Tunis, ne chipotait pas davantage devant les chefs d'entreprise du coin :

« Questionnée à deux reprises sur la question des délocalisations, la présidente du patronat français s'est déclarée en faveur de ce phénomène, même si elle a toujours pris soin de ne pas utiliser le mot délocalisation.

« "Il faut accepter qu'il y ait des déplacements d'activités, pour permettre l'installation d'autres activités à plus grande valeur ajoutée en France", dit-elle, en ajoutant que "nous sommes convaincus qu'il faut que ce qu'on ne peut plus produire pour des prix compétitifs parte ailleurs". Elle indique cependant que "mon seul problème, c'est de convaincre le président" [Nicolas Sarkozy], car, dit-elle encore, lorsqu'il voit une usine qui va fermer, "ses tripes se serrent et il a du mal à supporter".

« L. Parisot a appelé les hommes d'affaires et les autorités tunisiennes à faire du lobbying pour, dit-elle, "repenser la chaîne des valeurs et démontrer que la délocalisation en crée d'autres", et les a incités pour cela à "s'adresser à l'opinion publique française". »

Restait donc un « seul problème » : une gêne chez un président sentimental. L'obstacle paraissait surmontable...

Le reste était réglé, sinon.

Le moins-disant social, bien sûr.

Autre facilité : depuis le 1er janvier 2008, « la Tunisie constitue une zone de libre-échange avec l'Union européenne », avec une « franchise douanière pour les produits industriels ». Plus de barrières, ces ringardises.

Enfin, pour convaincre les plus réticents, le dumping fiscal : la Tunisie taxe à 0 % « les bénéfices issus de l'exportation ». Ce « régime d'incitations offshore », notait l'ambassade de France sur place, constitue un « atout majeur de la Tunisie dans la compétition internationale pour attirer les investissements directs étrangers »[51].

Pour ça ils sont unis, les maîtres de l'Argent, pour promouvoir « la libéralisation des mouvements de travailleurs », « la libre circulation des personnes, des services, des marchandises », avec Arnaud Lagardère qui applaudit Nicolas Sarkozy au premier rang d'un meeting pour le « oui » au référendum, avec cet « Appel des 100 » patrons pour plébisciter le Traité constitutionnel européen : c'est « le meilleur projet pour notre avenir », plaident-ils. Tandis qu'un « non cassera la dynamique dont nous avons collectivement tiré un profit considérable depuis quarante ans », et sans doute est-ce vrai pour leur « collectif », pour ces 100 pétitionnaires qui ont en effet « tiré un profit considérable depuis quarante ans » : Lindsay Owen-Jones, l'ex-PDG de L'Oréal, retraité le mieux payé de France (3,4 millions d'euros par an), Antoine Zacharias, le PDG de Vinci (13,8 millions d'euros à l'époque, parti depuis avec un « package » de 250 millions d'euros), Thierry Desmarest, le PDG de Total (6,5 millions d'euros), Gérard Mestrallet, le PDG de Suez (6,8 millions d'euros), Henri de Castries, le PDG d'AXA (11 millions d'euros de revenus réguliers, plus, en 2005, un « plan d'épargne » pour 5,8 millions d'euros), Charles Edelstenne, le PDG de Dassault Aviation, Henri Lachmann, le PDG de Schneider Electric, etc.

Dans cette « compétition internationale » – alibi de la « guerre des classes » –, plus que la Tunisie, on connaît les grands vainqueurs[52]...

Surprise au premier rang

Mais comment s'étonner de cela ?

Eux tiennent leur rôle dans la « guerre des classes ».

Bernard Arnault tient son rôle lorsqu'il se rue, gourmand, sur une Pologne à bas coût comme un cochon sur une truffe, en minaudant : « Je suis désolé des problèmes que ça peut causer aux personnes. »

Nicolas Sarkozy tient son rôle lorsqu'il justifie le bouclier fiscal, la franchise médicale, les 41 années de cotisation, d'un : « Il ne faut pas tuer la compétitivité des entreprises. »

Denis Kessler tient son rôle lorsqu'il félicite le président : « Statut de la fonction publique, régimes spéciaux de retraite, refonte de la Sécurité sociale, paritarisme... [...] Il s'agit aujourd'hui de sortir de 1945, et de défaire méthodiquement le programme du Conseil national de la Résistance ! »

Non, la surprise vient d'ailleurs.

La surprise vient de Washington, par exemple. Où Dominique Strauss-Kahn, directeur du FMI (300 000 € de revenus annuels, nets d'impôts) et néanmoins membre du PS, nous admoneste : « La France a indiscutablement besoin de travailler plus si elle veut gagner plus. » Tandis qu'un énième rapport de son institution déplore non les « mégadividendes » ou les « superprofits », mais « un marché du travail trop rigide », « des années de hausse du salaire minimum qui ont créé du chômage chez les jeunes et chez les moins qualifiés », « les coûts élevés des licenciements économiques », et préconise « une réduction du taux d'imposition des entreprises ». Il fallait un socialiste à sa tête, sans doute, pour que le gendarme libéral du monde accouche de ces conclusions novatrices...

La surprise vient de Lisbonne, aussi, dont on devait approuver le Traité simplifié : « Dire non, c'est refuser toute idée de compromis et en finir avec l'UE, prévenait Élisabeth Guigou (mais, pour 54,67 % des Français, n'agitait-elle pas avec ce « en finir » une espérance ?). Voter oui, ce n'est pas la fin de l'histoire. C'est permettre que continue le combat des socialistes pour une Europe plus sociale. » Après Maastricht, après Amsterdam, après le pacte de stabilité, elle et ses collègues poursuivent en effet, sans faiblir, ce

« combat pour une Europe plus sociale ». Et avec quels résultats...

La surprise vient de Paris, bien sûr : « Lorsque fut décidée, sous la deuxième présidence de François Mitterrand, la libération totale de la circulation des capitaux, raconte l'ancien député André Bellon, le gouvernement, loin de proposer des règles juridiques ou fiscales aux autres pays européens, libéralisa avec enthousiasme, se félicitant même d'avoir réussi cette libéralisation avant la date limite. J'ai souvenir de Pierre Bérégovoy expliquant au groupe socialiste à l'Assemblée nationale que l'établissement de taxes sur les mouvements de capitaux était rendu impossible par la volonté de l'État luxembourgeois. De deux choses l'une : ou bien il se moquait de la représentation du peuple français, ou bien il expliquait que la construction européenne n'avait pour objectif que de favoriser les intérêts privés les plus importants. » Et le même parlementaire PS de conclure : « En acceptant la mondialisation comme une fatalité, nous sommes entrés dans un processus de soumission. »

Bref, on a beau scruter l'horizon à droite, la surprise vient quand même de la gauche. Qui ne consent pas seulement, qui construit avec jovialité ce « système beaucoup plus mobile qu'il y a une quinzaine d'années ». Qui appuie une « mondialisation » se refermant sur le monde social comme un couvercle. Qui conforte une « guerre des classes » à sens unique[53].

La surprise vient du premier rang.

Au Carrousel du Louvre.

Lors de l'assemblée générale de LVMH.

Entre le vétéran Antoine Bernheim (banquier de Lazard et invité au Fouquet's) et le sémillant Arnaud Lagardère, aux côtés d'Albert Frère (le milliardaire belge, président du conseil de surveillance de M6, et au Fouquet's, pareil), de Nicholas Clive Worms (président de la banque d'affaires

Worms et de Christie's), de Charles de Croisset (administrateur directeur général de HSBC Holdings et vice-président de Goldman Sachs), de Diego Della Valle (empereur de la chaussure en Italie, qui a porté Forza Italia et Berlusconi au sommet), de Lord Charles David Powell of Bayswater (ex-conseiller de Margaret Thatcher, administrateur de Textron Inc., Caterpillar Inc., etc.), de Felix Rohatyn (banquier américain, ex-directeur de Lazard à New York, ex-ambassadeur des États-Unis en France, au conseil d'audit de Suez), au beau milieu, enfin, de la famille, d'Antoine Arnault (le fils), de Delphine Arnault-Gancia (la fille), de Jean Arnault (le père), et devant Bernard Arnault (au Fouquet's, bien sûr), bref, baignant dans le gotha du capitalisme occidental :

Hubert Védrine.

Ancien ministre socialiste.

Lui siège au conseil d'administration, appointé par la multinationale.

Et il ne se lève pas pour soutenir Marie-Hélène, ne s'élève pas contre la délocalisation d'ECCE.

Marc-Antoine Jamet n'a pas protesté davantage. Cet ancien collaborateur d'Henri Emmanuelli, puis dir'cab' de Laurent Fabius, œuvre désormais comme « secrétaire général de LVMH »... tout en siégeant au conseil national du Parti socialiste. Mais quel grincheux y verrait encore une contradiction ? On inventera bientôt un Jaurès qui se chaussait en Berluti et pantouflait chez Rothschild...

Christophe Girard ne bronche pas plus. Cet « adjoint à la culture » (Verts) au maire de Paris, ex-« directeur général adjoint du groupe » LVMH, est resté fidèle à Bernard Arnault et s'adonne toujours à des « missions de conseil mode » à coup sûr bénévoles... Et quel maître sert-il lorsqu'il favorise, au cœur de la capitale, la fermeture de la Samaritaine et l'émergence d'un grand quartier de luxe ?

C'est un homme de gauche, d'ailleurs, qui se charge du

« mécénat culturel » chez LVMH : Jean-Paul Claverie, proche de Jack Lang. Et c'est donc lui qui m'adresse, en tant que « membre du club des actionnaires », le magazine *Apartés*, avec « l'atelier d'Alberto Giacometti » en couverture – et à l'intérieur un « éditorial » signé du PDG Bernard Arnault : « Ces sculptures, ces peintures, ces dessins percutent notre regard et font naître en chacun de nous une nouvelle idée de l'homme dans le monde, une nouvelle architecture du monde face à l'homme. Ces valeurs fondent tout un art de vivre, comme celui que portent les maisons de notre groupe. » Rien de tel que l'« art » pour enrober d'un baratin philosophique, de « valeurs », de « civilisation », etc., la brutalité des accapareurs[54]...

On a appelé ça une « ouverture ».

Parce qu'un auxiliaire du *corporate business* étiqueté UMP, Nicolas Sarkozy, commandait un rapport sur « la France et la mondialisation » à un autre auxiliaire du *corporate business*, mais étiqueté PS : Hubert Védrine, encore. Qui à la tête d'Hubert Védrine Conseil, sa société de « stratégie géopolitique », « travaille [...] avec plusieurs grandes entreprises françaises ». Il estimait donc urgent, à l'automne 2007, dans son document, que « les Français acceptent l'économie de marché comme un fait », que « la France s'adapte, se réforme et crée des emplois nouveaux en montant en gamme technologique », qu'elle rompe avec « la rigidité de notre économie, son manque de réactivité », en résumé, qu'elle « passe d'une méfiance stérile face à la mondialisation à un dynamisme offensif dans la mondialisation ».

À qui ce propos « offensif » convenait-il le mieux ?

Aux ouvrières qui gueulent « Tous ensemble ! » à la porte, et qui se révèlent, en effet, d'une « méfiance stérile » ? Ou aux firmes « dynamiques » qui rémunèrent généreusement ses précieux avis ? à ses voisins dans cette salle aux fauteuils cossus ? à LVMH, pour qui « l'inégalité est un facteur clé de soutien de notre industrie » ?

Bernard Arnault est moins avare de ses conseils : il ne les vend pas, il les offre. Et à qui ? À la gauche moderne. Aux travaillistes anglais, précisément, à « Gordon Brown, sur le thème : comment faire en sorte que la globalisation qui est en marche à grande vitesse ne soit pas négative, mais apporte des avantages sérieux à l'économie britannique ».

Sur les deux rives de la Manche, les travailleurs sont comblés : avec ce « nouveau socialisme », à coup sûr la « globalisation » va s'inverser. Et rétablir un équilibre dans la « guerre des classes »[55]...

Psychologie du pays

Nicolas Sarkozy le martelait, donc : « Je refuse la lutte des classes. »

Il ne prenait guère de risques.

Aucune foule ne se lèverait pour le contredire.

Ni Ségolène Royal ni Vincent Peillon ni Hubert Védrine.

L'ironie, bien sûr, c'est que peu de présidents auront autant œuvré pour la restaurer, cette « lutte des classes ». Il en faudrait, des opuscules comme le mien, des résurrections de Blanqui Marx Vallès, pour égaler en efficacité ses Rolex de trois kilos (6 300 € en version acier), remplacées par une Patek (à 12 000 €), son séjour au bord du lac Winnipesaukee (44 000 € pour deux semaines), l'augmentation de son pouvoir d'achat à l'Élysée (+ 206 %). Il incarnait à merveille le « riche », prétentieux, vaniteux, dépensier à outrance pour lui, clamant que « les caisses sont vides » pour les autres, et on ne pouvait rêver meilleure caricature : s'il n'existait pas, il faudrait l'inventer.

On doit cependant l'entendre avec sérieux, son « La

droite refuse la lutte des classes ». Avec sérieux, c'est-à-dire : saisir dans cette phrase, et dans sa répétition, comme un indice de l'idéologie à l'œuvre dans le pays, de sa psychologie diffuse. On doit écouter la suite, aussi, comme des compléments. Pas seulement le rabâché « Nous sommes de ceux qui veulent rassembler », non, le contraire, presque :

« Je ne veux plus jamais que, dans une usine, un ouvrier puisse me dire : “À la fin du mois, quand j'ai travaillé tout le mois, il ne me reste plus rien pour nourrir ma famille, alors que celui qui est à côté de moi, assisté, a plus que moi à la fin du mois.” Je ne veux pas de cette société. »

Ou encore : « Tout le monde sait que pour sauver notre système de retraite par répartition il faudra faire des efforts. Dans ces conditions, qui peut dire qu'il est juste de maintenir les régimes spéciaux ? Qui peut dire qu'il est juste que certaines professions partent à la retraite avant toutes les autres, et au surplus avec des pensions souvent plus élevées ? »

Dans un autre registre, mais selon la même logique : « Ceux qui veulent soumettre leur femme, ceux qui veulent pratiquer la polygamie, l'excision ou le mariage forcé, ceux qui veulent imposer à leurs sœurs la loi des grands frères, ceux qui ne veulent pas que leur femme s'habille comme elle le souhaite ne sont pas les bienvenus sur le territoire de la République française. »

Et en privé, cette fois, alors qu'il reçoit de jeunes Beurs au ministère de l'Intérieur : « La communauté turque, elle s'intègre pas. Ils vivent entre eux, ils se marient entre eux, ils parlent entre eux. De la même façon, pourquoi a-t-on plus de problèmes avec les enfants originaires d'Afrique qu'avec les enfants originaires du Maghreb ? Faut réfléchir à ça. Pourquoi ? Eh bien, mon explication, c'est que la famille maghrébine a mieux tenu que la famille africaine. »

Smicards contre rmistes, donc.

Salariés du privé contre régimes spéciaux.

Français contre immigrés.

Voire, carrément, Arabes contre Noirs.

Mais toujours, partout, ici, les pauvres contre les pauvres, les travailleurs contre les travailleurs[56].

« Capital » contre « Travail » : cet antagonisme était tombé en ruine. La gauche elle-même l'avait enterré comme un « archaïsme », et c'était le plus gros du boulot. Il suffisait, ensuite, de diviser le peuple. De construire des conflits en son sein.

Sur un point, pourtant, je me trompe.

Malheureusement.

Malheureusement, Nicolas Sarkozy ne « divise » pas le « peuple ». Malheureusement, il ne « construit » pas des « conflits en son sein ».

Non : ces divisions, ces conflits lui préexistent.

Il ne fait que les agiter, les exploiter électoralement.

Car une fois abolie la « lutte des classes », que restait-il ?

Un univers social éclaté.

Un paysage mental morcelé.

De la confusion politique.

Et c'est là que, en tâtonnant, je voudrais poursuivre mon enquête : non plus dans les discours, mais dans les têtes, quasiment. Car c'est dans les têtes que, tous les jours, se perd cette « guerre des classes ».

QUATRIÈME PARTIE

Dans les têtes
Confusion

S'il ne fait aucun doute que des révoltes ont existé, ce qui appelle manifestement une explication, c'est surtout le fait qu'elles n'aient pas été plus nombreuses.

Max Weber.

« Le boulot, quand y en a, il est toujours donné aux autres. Alors que nous, on est prêts à travailler. »

Romain habite le quartier de l'Espérance, à Abbeville.

C'est tout un programme, déjà, « l'Espérance », tant les noms des cités se lisent à l'envers : « Bel Air » tire souvent la gueule. Au « Pigeonnier », côté volatiles, on n'aperçoit que des poulets. Quant aux « Peupliers », à « la Clairière » et autres « Platanes », n'y pousse que le gris du béton.

C'est le genre d'endroit, donc, « l'Espérance », où un jeune sur deux quitte l'école sans diplôme. Où les ados se rassemblent, le soir, dans la « cage 14 », s'assoient sur les marches, étalent des journaux pour ne pas salir leurs fesses, éclusent des packs en guise de distraction. La lumière s'éteint, ils rallument. Toutes les trois minutes. C'est un passe-temps. L'hiver, ils se les gèlent. Car, autre passe-temps, ils ont bousillé la porte. Et les boîtes à lettres.

Avec quatre gamins dans l'appartement – mais un seul de lui, famille recomposée –, Romain a passé l'âge de ces divertissements. « L'avenir, on le voit très mal. Un CES de six mois, déjà, on galère pour l'avoir, mais est-ce qu'y en aura encore, même des CES, pour nos enfants ? » Son gosse s'assied sur ses genoux, la bouche barbouillée de casse-croûte au chocolat. « Moi, ce que je voudrais, c'est trouver un boulot du lundi au samedi. » Alors que Romain ne bosse que le samedi, comme agent de nettoyage aux Verreries de la Somme. Une minipaie qu'il cumule avec le RMI : « Je ne crois plus en rien. Y a de la honte. Parfois, faut aller au CCAS [Centre communal d'action sociale] demander une petite aide. Y en a qui passent devant nous avec leur grosse voiture : "Tu peux pas t'en acheter une comme ça, toi, avec ton RMI." » Non, il ne peut pas : on lui a même chouré son scooter. Il circule à pied, totale humiliation. « C'était mon rêve de faire agent de sécurité, avec un chien. Mais ce sont toujours les mêmes. Toujours les mêmes aussi pour les travaux publics : des gars d'Amiens ou de Paris, même pas des gars d'Abbeville. Alors que mettre des cailloux à terre, nous aussi on peut le faire. »

Les « mêmes », les « autres » : on comprend à demi-mot. Face aux caméras de TV 200, la chaîne associative du quartier, il dit sans dire. Il se censure : pas envie qu'on lui serve une leçon de morale, de république, une récitation des droits de l'homme. Il se dévoile un peu, quand même : « On est en France, on est tous égaux, qu'on soit noirs, qu'on soit blancs. Pourquoi qu'y en a qui auraient plus de droits que nous ? C'est toujours les mêmes qu'on prend. On devrait nous appeler aussi. On est à l'ANPE comme tout le monde, on est au chômage comme tout le monde. »

Les immigrés à l'amende, donc, ici.

Mais qu'on traverse la rue et c'est Romain, quasiment, qui se retrouve en accusation : « Pour ceux qui cherchent vraiment, du travail, y en a. » Monsieur Lallemand l'assure. Lui en a trouvé, d'ailleurs, du travail : il y a vingt ans, comme manutentionnaire chez Géant. Et il poursuit, en désherbant un carré de pelouse : « Mais malheureusement, ils s'en foutent. Les jeunes ne veulent plus rien faire. Mon voisin en dessous, il n'a jamais bossé de sa vie. Et il s'en sort bien, avec ses allocs... »

Les jeunes, donc, maintenant.

Les assistés.

Les jeunes assistés.

Et Serge le bricoleur approuve. Il a beau toucher la COTOREP, poignet broyé. Il a beau louer un appartement, vide toute l'année, pour que sa compagne perçoive l'allocation parent isolé. Ces petits arrangements, ça ne l'empêche pas de pester contre les « purs cas soces » du rez-de-chaussée, eux qui « abusent du système », qui n'ont « jamais rien foutu de leurs journées » : « Sa copine est enceinte. Ils vont être beaux, les enfants ! »[57].

« Chacun voit la justice à sa porte. Et ça fonctionne toujours avec des couples antinomiques, assez simples. » C'est Patrick Lehingue, professeur de sciences politiques à Amiens, qui raisonne comme ça, de façon « assez simple », au bar Le Lutétia : « Il n'y a pas quarante façons, pour les gens, de classer en juste/injuste. Soit c'est le "riche" contre le "pauvre", les "petits" contre les "gros", comme on dit. Soit c'est le "dedans" contre le "dehors", les "Français" contre les "étrangers", les "jeunes" contre les "vieux". »

À l'unanimité, socialistes éditorialistes économistes l'ont déclaré obsolète, le temps des « petits » contre les « gros ». Mais les autres, les vaincus, les laborieux, les insatisfaits, les frustrés, les « pauvres », les Romain, s'ils ne devaient plus reprendre aux « riches », où iraient-ils les chercher, leurs adversaires ? les profiteurs du système ? les causes de leur malheur ?

Parmi les malheureux, souvent.

Parmi leurs égaux en débine.

À moins qu'ils ne s'abandonnent à la fatalité.

On n'en est pas sortis, de ce marécage dans les cerveaux, de ce labyrinthe dans les raisonnements brumeux, de ces votes hasardeux comme du billard à trois bandes...

CAPITAL LOIN DE CHEZ SOI

« Valeo Abbeville délocalise une ligne en Slovaquie », titre *L'Usine nouvelle* – tandis que les syndicats s'interrogent sur la « pérennité du site ». Avant ça, Abelia, une fabrique de papiers peints, a fermé. Bisconord, une boîte de biscuits, a fermé. Bébé Confort (landaus, poussettes, etc.) a fermé. Colin, qui produisait des boîtes de vitesses, a fermé.

Du quartier de l'Espérance, on se rendait à pied dans toutes ces usines-là. C'était juste à sa lisière, quartier populaire adossé à la zone d'activité, HLM sortis de terre pour la pourvoir en main-d'œuvre. Mais d'une « restructuration » à la suivante, la zone – désormais d'inactivité – se vide, se délite, avec ses entrepôts morts, et c'est le quartier qui s'écroule derrière, la main-d'œuvre qui devient inutile.

Voilà la toile de fond de ce coin industrieux.

Où, en contrepartie, seule une verrerie a ouvert.

Où les femmes sont envoyées vers les « services à la personne », nouvel eldorado : « On nous avait dit que sur Abbeville y avait une grande demande. Mais au bout du compte on se crève dans des stages et on n'a rien. Après la formation, j'ai déposé mon CV à Harmonessence, à Aide Dom, à Entraide familiale : y a rien.

– Moi, poursuit Patricia, j'ai mis des affiches partout, chez les commerçants, pour les vieux qui chercheraient une dame. Tout ce que l'ANPE m'a proposé, c'est une nouvelle formation ! En hôtellerie-restauration.

– Ce qui est le plus écœurant, reprend Jocelyne, c'est qu'y en a qui n'ont pas de diplôme ni rien et on leur donne un emploi... »

On se compare au plus proche, toujours.

À son ancienne collègue. À son voisin de palier.

Des expériences immédiates.

Et qui les inviterait à regarder plus haut ? Vers des cimes invisibles ? Vers Valeo et sa « rentabilité en hausse au premier trimestre », son titre qui « a bondi de 5,37 % vendredi », son « dividende de 1,20 € par action, en hausse de 9 % » ? Vers son PDG, Thierry Morin, qui en comité de groupe rappelle judicieusement le coût horaire d'un Chinois, « 35 centimes d'euro », devant les syndicats – tandis qu'il s'autovote une « indemnité forfaitaire de départ » à hauteur de 4,8 millions d'euros ? Vers Pardus Capital Management, un fonds spéculatif basé à New York, qui a racheté 20 % de Valeo et souhaite « démanteler » le sous-traitant automobile ? En résumé, vers « tous ces gros là-haut qui s'en mettent plein les poches » ?

Cette pédagogie-là n'est guère recommandée.

Au contraire : on le décourage, ce point de vue.

« Populiste », on sait bien.

Ringard.

Daté.

Daté des années 70, en effet.

Daté d'avant que François Mitterrand ne renonce à la « lutte des classes ». En 1983. D'autres clivages allaient aussitôt s'y substituer. En 1984 : « Ça ne vous paraît pas évident que le nombre de plus de six millions d'étrangers en France est en relation directe avec le fait qu'il y ait trois millions de chômeurs ? répétait Jean-Marie Le Pen à la télévision. Ça me paraît évident et ça paraît d'ailleurs évident à beaucoup de Français. »

Cette « évidence » gagnait du terrain, en effet : longtemps groupusculaire, le Front national franchissait cette année-là la barre des 10 % aux élections européennes[58]...

On ne croise pas le Capital en bas de chez soi, au quartier de l'Espérance.

Des allocataires alcoolos, oui.

Des Arabes sur les chantiers, oui.

Mais le grand Capital, non.

C'est un effort, alors, que de maintenir cet horizon-là. Cette abstraction, même bien réelle. Et cent fois sur le métier Marie-Hélène remet son ouvrage.

« S'il vous plaît. On va s'écouter. » Y a du brouhaha dans la cantine d'ECCE. « On va vous parler de la réunion d'hier à Paris. Donc ils nous ont remis un document, et donc Poix-du-Nord maintenant il est éliminé complètement. Donc ça on ne l'accepte pas. Pour lui, le 15 septembre, on ne parle plus de nous. » À la sonnerie, toutes les couturières sont descendues de l'atelier, leur dé au doigt, leur mètre enroulé comme une écharpe autour des épaules. « Alors, qu'est-ce qu'on fait ? interroge Marie-Hélène Bourlard.

– On y va !

– Parce que vous savez très bien, elle reprend, ils auront beau mettre la volonté qu'ils veulent, les moyens qu'ils veulent, hein, on n'aura pas d'emploi. Parce qu'on a beau nous dire, "on va faire des formations", "on va faire tout ça", ça va être difficile de retrouver du travail, surtout à nos âges, hein. Quand on me dit, ça me met en rage – et Marie-Hélène attaque avec le patois d'ech'Nord – "Toute façon, mi j'in connaus, depuis le timps qu'elles sont aux ASSEDIC elles les imbêtent pons", c'est archifaux : si on les embête pas, c'est qu'elles ont plus droit aux ASSEDIC. Alors quand quéqu'un me dit : "Ouais, ça fait des années il ne se wève pas, ou il ne travaille pas", non... »

C'est qu'elle le sent, cette cégétiste.

Même ici : la boîte de Pandore peut s'ouvrir, les jalousies s'échapper, la zizanie se répandre, la colère se retourner contre d'autres faibles. Tandis qu'elle s'efforce, elle, de maintenir l'antagonisme central : « Y a LVMH qui fait plein de profits, 100 milliards de profits (elle multiplie par cinquante, qu'importe, à la truelle !), et lui il dort, tranquille, on l'embête pas. Li ch'est les pépètes, du momint qu'cha rapporte il dit rein. Quind ça rapporte plus, il dit quéquecose. (Son accent installe une connivence, et l'assemblée rit.) Et puis on va le laisser tranquille, il va replier son petit cahier et il va dire : "Bye." Parce qu'on les laisse tranquilles. On est dans notre petite usine. On travaille. Comme si de rien n'était. Et pis il va dire, comme d'habitude, "y a pas de bénéfices, gnagnagnagna, on coûte trop cher", il faut se débarrasser de nous. Pis basta. »

La situation l'aide, évidemment.

Mais pas trop le discours ambiant.

Et c'est sa bataille, idéologique, à son poste, que de soutenir chaque jour cette conscience. Tant elle lâche vite, sinon, craquant de partout, sous la pression de l'oubli, du silence.

Le silence, l'oubli l'ont emporté à Abbeville.

Ou juste à côté, dans le Val de Nièvre.

Qui, ici, en découvrant dans *Paris-Match* Delphine Arnault et « sa bague de fiançailles, un diamant taille émeraude », sa robe aux « 165 mètres d'Organza », quel ancien salarié de Saint Frères a songé : « C'est avec notre sueur qu'ils s'offrent cet apparat. Sa toilette est éclaboussée de nos pleurs » ?

Personne, sans doute.

Et pourquoi ?

À cause d'une rupture géographique, peut-être.

Dans son introduction à *En famille*, dont le récit se déroule justement à Flixecourt, Hector Malot décrivait la scène suivante, en 1893 : « Je ne voudrais pas refaire le tableau du patron qui rentre dans son château en l'opposant à celui de l'ouvrier qui rentre dans son pauvre garni, il se trouve dans ce roman. Car ce riche château dominant le village où grouille une misérable population ouvrière n'a point été inventé de chic, pour des phrases. Il existe, comme il en existe bien d'autres, de même qu'existent des taudis dont un propriétaire ne voudrait pas pour ses bestiaux. Et c'est parce que les choses sont souvent ainsi que je les ai peintes telles que je les ai vues : – le château au milieu de son parc, avec ses fleurs, son ameublement luxueux, ses serres, ses écuries, ses équipages, sa valetaille ; – le village ouvrier avec sa misère et sa saleté, ses cabarets empoisonneurs et sa débauche. » Et l'écrivain concluait : « Il faut n'avoir jamais passé quelques heures dans un village industriel pour accepter sans révolte la comparaison qui s'établit entre l'existence du patron et celle de l'ouvrier. »

Cette « révolte », au siècle d'après, Alain – mon voisin cafetier – l'éprouvait encore : « Chés gens vivaient de peu. Ils faisaient leur jardin en sortant du boulot. C'était la misère, surtout que les habitants voyaient le pognon s'afficher : t'avais quand même quatre châteaux là-bas, le seigneur qui dominait. Puis le cimetière de Flixecourt, ça te rappelle l'empire Saint, cet énorme tombeau sur l'allée principale... Même là il fallait que la famille s'impose. À l'église, ah oui, Dieu est pour tout le monde et tout le merdier, mais y avait la place de la maison Saint, tout devant, encadrée avec des grilles. Tu voyais la domination partout. » Lui a trimé, ensuite, dans la zone industrielle, et ça a tout changé : « Quand je bossais chez Valeo, je ne connaissais pas le patron, on ne savait même pas où il était. Chez Saint Frères, tu voyais. Bien. »

La « révolte », aujourd'hui, ne naît plus de cette évidence, visible, ostensible au quotidien. Riches et pauvres n'habitent plus le même lieu. Les uns se réservent des quartiers dans les grandes métropoles – Paris, Londres, Bruxelles –, disposent de villégiatures dans des zones protégées – la Côte d'Azur, les hauteurs de Marrakech, un chalet à Gstaad. Les autres sont relégués à la périphérie, dans les campagnes ou les banlieues, et s'ils aperçoivent l'opulence des nantis, ce n'est que subrepticement, par médias interposés, à travers l'image d'un yacht dans les eaux maltaises ou des sommes qui se chiffrent en milliards.

Une information noyée parmi mille autres.

Que les vaincus ne rattachent que confusément à leurs propres privations [59].

EMBROUILLER

Pour briser ce « confusément », il faut rendre son unité au monde. Rattacher riches et pauvres, vainqueurs et vaincus – comme des liens de cause à effet.

Aussi, c'est un exercice que je m'inflige parfois. Comme un arrêt sur image, une remise en ordre du présent.

Aujourd'hui, par exemple, mercredi 30 avril 2008.

Que retenir dans le fatras de l'actualité ?

En Autriche, « Josef Fritzl a séquestré et abusé sa fille pendant vingt-quatre ans ». À Amiens, « Goodyear gomme 402 ouvriers ». En Tunisie, « Nicolas Sarkozy affirme que “l'espace des libertés progresse” ». À Méaulte, « 90 % des employés d'Airbus étaient en grève hier matin selon les syndicats ». À l'est, « la Serbie fait un premier pas vers l'Union européenne ». En Alsace, c'est vers « le dépôt de bilan [que] DMC fait un premier pas ». À Meyzieu (Rhône), « l'agresseur des collégiens avait prémédité une tuerie ». À Mandeure (Doubs), « Peugeot Motocycles obtient un accord syndical sur la restitution de 11 jours de RTT ». Sur M6, « Cinquième soirée en direct pour Kristov de la Nouvelle Star ». À Paris, « les syndicats ripostent sur les retraites », « le ministre de l'Éducation a recentré les programmes de l'école primaire sur le français et les mathématiques », « le tarif du gaz en hausse de 5,5 % », etc.

Un fouillis, on dirait.

Mais qu'on se débarrasse des faits divers, de la variété,

et toutes les « nouvelles » racontent alors la même histoire : l'affrontement du Capital et du Travail[60].

Goodyear, par exemple.

« La réorganisation ou la porte à Amiens, résume France Inter : la direction de Goodyear-Dunlop a proposé le marché à ses deux usines. Celle du Sud a accepté, elle sera rénovée. Celle du Nord a refusé, 400 emplois vont être supprimés. » Et le PDG prévient : « C'est un premier plan, et on en annoncera vraisemblablement d'autres par la suite. À terme c'est un risque fort sur la production de pneus tourisme sur le site d'Amiens Nord. »

Les salariés n'ont pas plié, les actionnaires devaient les punir. Eux se portent bien, cependant : *Les Échos* notaient que « l'Américain Goodyear ou l'Allemand Continental maintiennent des prévisions souriantes » (mais pour qui ?). Tellement « souriantes » que, à côté, Michelin fait triste mine : « Le Français aura sans doute à cœur, poursuivait le quotidien économique, de prendre les mesures nécessaires pour parvenir à l'objectif de marge à deux chiffres qu'il s'est fixé pour 2010. » Et l'on devine à quoi ressembleront ces « mesures nécessaires »...

Capital 1 – Travail 0.

Même histoire, en gros, à Peugeot Motocycles.

Sauf que, là, les syndicats ont cédé au « chantage » – selon le mot du ministre Xavier Bertrand lui-même. La direction va récompenser les salariés : « En échange d'un accord sur les 35 heures, ils ont obtenu le maintien de l'emploi » (*Les Échos*).

Capital 2 – Travail 0.

Limpide, chez DMC.

Avec ce « groupe qui employa jusqu'à près de 30 000 personnes à la fin des années 60 », à « l'égal des Boussac et autres Prouvost disparus dans le grand vent des restructurations », c'est toute « une industrie textile [qui semble] morte au champ d'honneur de la lutte contre la concurrence asiatique » : le « secteur a perdu 25 000 emplois entre 2000 et 2005 » (*Les Échos*).

Les investissements ont migré ailleurs.

Les salariés sont laminés ici.

Capital 3 – Travail 0.

Gaz de France, maintenant.

« Le gaz plus cher à partir d'aujourd'hui : + 5,5 %. » À cause, justifie le gouvernement, du « contexte international de hausse du coût d'importation due à l'envolée des prix du pétrole » (*Courrier picard*). On s'est habitué à ces explications, réitérées chaque trimestre : depuis 2004, les tarifs ont grimpé de 48 %.

Et quelle part du fardeau supportent les actionnaires ? Aucune. Au contraire, ils l'alourdissent : « Le conseil d'administration de Gaz de France, lit-on sur son site, va recommander à l'assemblée générale du 19 mai 2008 une augmentation de 15 % du dividende par rapport à l'an passé, soit un dividende de 1,26 € par action. » Des versements qui ont doublé depuis le passage au privé, tandis que le titre gagnait 84,01 % en trois ans. De ce côté, nulle austérité en vue : la direction « confirme son objectif d'un excédent brut opérationnel de 6,1 milliards d'euros en 2008 » (des profits, on appelle ça). Les abonnés sont pompés, les boursicoteurs gavés : le PDG Jean-François Cirelli œuvre à merveille. Ses amis du « comité de rémunération » envisagent donc de multiplier ses gages par six, pour atteindre les 2,5 millions d'euros annuels...

Capital 4 – Travail 0.

Les retraites.

« Le secrétaire de la CFDT, François Chérèque, a proposé

hier à François Fillon d'augmenter de 0,5 % les cotisations vieillesse des entreprises. Cette proposition a été écartée par Xavier Bertrand » (*Courrier picard*). Via « les 41 années de cotisation », c'est aux salariés de combler, seuls, le déséquilibre (supposé) des caisses. Les patrons ne sortiront pas le portefeuille.

Capital 5 – Travail 0.

Airbus, enfin.

Dont le sort se joue, le même jour, sur les deux rives de la Méditerranée.

Au nord, où « tous les sites français observaient un nouveau débrayage, le troisième en quelques jours pour l'usine picarde. Les salariés dénoncent un manque d'équité dans le processus de vente des sites allemands et français ». Le sous-traitant Latécoère ne veut plus racheter Saint-Nazaire et Méaulte, « seule usine d'Europe qui fabrique les pointes avant » des avions. Du coup, la direction d'EADS prévoit de refiler le bébé « à des investisseurs "plutôt financiers", indique-t-on en interne » (*Courrier picard*, *Les Échos*).

Au sud, à Tunis, où séjourne Nicolas Sarkozy, la rubrique « International » apporte un nouvel éclairage : « Devant les chefs d'entreprise, [le président] s'est félicité de "la décision de la Tunisie d'acheter 19 Airbus". Dans la foulée, il a annoncé "l'installation d'une usine de 2 000 personnes dans l'aéronautique". » Et qui donc va s'implanter ici ? « L'idée de subordonner l'achat d'Airbus à l'installation d'une usine par Latécoère sur le sol tunisien avait été évoquée. » Et que fabriquera-t-on ? Les « pointes avant » !

À quoi bon, alors, s'embarrasser avec « des sites allemands et français » ? Mieux vaut emménager, directement, dans un « pays à bas coûts ».

Capital 6 – Travail 0.

Je le devine : cette démonstration vous lasse, fastidieuse. Tant elle est évidente, tant elle est redondante.

Et c'est justement cette évidence, cette redondance qui m'intriguent : s'il suffit de poser Capital/Travail pour rendre à l'univers social un peu de sa clarté, pourquoi s'en priver ? Pourquoi déchirer ce schéma, grossier certes, mais efficace, au moins pour mettre à nu cette offensive générale de l'Argent contre les hommes ?

C'est là leur victoire décisive, peut-être, et qui ne se chiffre pas en dollars. Celle de la représentation. Ils ont remporté une bataille jusque dans nos yeux. Notre regard s'est morcelé.

Et pas n'importe quand : au moment où, justement, les patrons s'unissent, de Davos à Tunis, où ils abolissent les nations et les mers, où ils déploient un système planétaire et logique – on ne peut plus logique : la logique simple et féroce du profit –, leurs porte-voix, ministres, journalistes, intellectuels, artistes, renvoient l'image inverse. L'image d'un réel « complexe », d'un monde qui ne nous apparaît plus que comme un pantin désarticulé, démembré, incompréhensible, avec des « événements » qui se succèdent, absurdes, tels des surgissements de nulle part – sans logique. Le système évanoui, les causes disparaissent et les contestations se muent en jérémiades.

Cette vision « fractale », « multiple », floue, dissout les grandes catégories. Les maîtres gagnent alors sans combattre : comment choisir son camp quand il n'y a plus de camps ? Comment, pour Serge, pour Romain, pour les habitants de l'Espérance, pour les ouvriers de Goodyear, pour les salariés d'Airbus, pour nous, comment faire front commun s'il n'y a plus d'intérêts communs ni d'ennemi commun ?

COMME UNE SAVONNETTE

« Tous ces mouvements n'ont pas grand-chose de commun entre eux, énonce Stéphane Leneuf, gardien (remplaçant) de l'ordre économique sur France Inter. Les cheminots défendent leurs acquis sociaux en matière de retraite, les fonctionnaires grognent après la rigueur des suppressions de postes, les hôtesses et les stewards d'Air France revendiquent de récolter sur leur fiche de paie le fruit de leurs efforts consentis depuis plusieurs années pour redresser la compagnie. Il n'y a donc aucun réel dénominateur commun entre tous ces mouvements, des mouvements qui restent pour l'instant très corporatistes. »

Ainsi la petite musique des médias s'efforce-t-elle de fragmenter le monde du travail. De présenter chaque réforme comme « spécifique », « particulière », « technique », et chaque « mouvement » comme « corporatiste », « sectoriel », « isolé ». Alors que toutes les réformes ont justement, par des biais variés, un « dénominateur commun » : rogner encore sur le salariat – sur les revenus, la retraite ou la Sécu. Alors qu'en face tous les mouvements ont cette « grande chose de commun entre eux » : s'opposer à la goinfrerie du Capital...

Mais quel « mouvement », au fond, ne fut pas « sectoriel », « corporatiste » ?

Les fondeurs se sont rarement mis en grève pour soutenir les vignerons, ou les vignerons pour soutenir les fondeurs. Jamais les enseignants ne sont descendus dans la rue pour défendre les sidérurgistes. Et ainsi de suite. Sauf exception, jamais les « luttes » ne furent autre chose que « catégorielles ».

Même les mineurs de Carmaux : que menaient-ils, sinon une lutte « catégorielle » ? Et avec quels objectifs mesquins ? Obtenir une augmentation, réintégrer un délégué syndical, tout ça à l'autre bout du pays ! Mais il y eut Jaurès et les socialistes, il y eut une idée et des mots, des discours, des articles, des motions, colportés de journaux militants en réunions publiques, et ce sont eux qui transformèrent le conflit « sectoriel » en symbole d'une France industrielle, avide d'émancipation, encourageant les ouvriers de partout dans cette bataille pour la justice et l'égalité : « D'où vient que deux fois en quelques années, en 1892 avec la grève des ouvriers mineurs, maintenant avec la résistance des ouvriers verriers, cette petite bourgade socialiste a mis en mouvement toutes les sympathies ouvrières ? professait Jaurès, alors député du coin. Cela tient à ce que [mineurs et verriers] n'ont jamais séparé la lutte économique de la lutte politique. Fortement groupés pour défendre leurs intérêts immédiats, leur salaire et leur bien-être, ils savent aussi que c'est par la seule conquête du pouvoir que le prolétariat arrivera à la pleine liberté et à la pleine justice. Ils menacent donc doublement l'ennemi par leur organisation syndicale et par leur élan politique. »

Le « corporatisme » ne se dépasse qu'ainsi, par le discours, par les idées et les mots, qui inscrivent les « mouvements » dans un mouvement plus large, au-delà du lieu, du moment, des circonstances, qui replacent les luttes « ici et maintenant » au sein d'une lutte plus générale, d'une histoire plus vaste, d'un rapport de forces plus global, contre les comtes de Soulages et les barons Reille dans le Tarn, mais aussi contre les Wendel en Lorraine, contre les conservateurs à la Chambre, contre la « réaction » partout dans le pays, en un mot : contre l'« ennemi ».

Sans cette vision, l'unité s'efface. L'universalité avec.

Ne demeurent que des « luttes », des « mouvements », pluriels et isolés, avec leurs « problèmes spécifiques ». Qui au mieux éveillent la sympathie, mais dont on perd le sens [61].

Jusqu'à réaliser ce miracle : rendre l'oppression illisible, indéchiffrable par les opprimés eux-mêmes. Eux qui sont pourtant sous sa botte...

J'ai ressenti ça, fortement, chez Airbus.

Alain Duhamel en frissonnait au micro de RTL : « Il y a des moments où on a l'impression que le scénario a été écrit par Olivier Besancenot, et que c'est un réalisateur communiste des années 70 qui a réalisé le film. »

Manichéen, donc.

Tant l'écrasement du Travail par le Capital était net, ici.

Trop net.

Les enfumeurs professionnels entrèrent en piste.

C'était, en vrac, la faute à la « baisse du dollar face à l'euro », la faute au « câblage électrique défaillant », la faute aux « délais de livraison », la faute aux « pénalités accumulées ». C'était, surtout, la faute aux « féodalités nationales ». C'était la faute à personne, tout simplement « un problème de compétitivité qu'il faut comprendre ». Les tenants de la Bourse assénaient leurs mensonges officiels. Ce rideau de fumée, loin de le dissiper, les socialistes l'épaissirent encore, à force de « déontologie ».

Les gloseurs réussirent alors cet exploit : rendre le débat imbitable, obscur, confus aux salariés d'EADS. Ça affleurait, dans les manifestations. Qu'à force d'« éthique », de « juridiquement », de « réindustrialisation », le « film communiste des années 70 » s'alambiquait. Que le « scénario » simpliste – parce que la réalité était simpliste – devenait embrouillé pour les acteurs eux-mêmes. Et les syndiqués avaient beau déployer, sur la place de la mairie d'Albert, une banderole : « Pas de faux nez : actionnaires, arrêtez de voler Airbus ! », les délégués avaient beau grimper sur l'estrade, accuser « l'appétit de Lagardère et DaimlerChrysler », les employés étaient perdus, un peu. Ils ne savaient plus à quel adversaire s'en prendre : aux actionnaires, vraiment ? ou à l'État ? à l'euro ? à Noël Forgeard ?

à l'Allemagne ? Bernard n'enrageait plus à la sortie de l'usine, il confiait seulement : « C'est affligeant. » Affligé plus qu'enragé, de fait, lui comme les autres, tristesse sans responsable ni coupable.

Malgré l'injustice, flagrante, aucune révolte n'éclaterait.

Méaulte ne reproduirait pas Carmaux.

Jusqu'à cette chute finale : « À l'usine d'assemblage à Toulouse, rapporte *Le Parisien*, le risque d'affrontements physiques est permanent avec les 2 500 ouvriers allemands détachés sur place. Lorsque Airbus a envoyé, à Hambourg, une équipe française, les compagnons ont été littéralement jetés de l'atelier par les salariés allemands et leur syndicat. »

La faute aux Boches !

La faute aux Franzosen !

Une fois encore, on avait détourné la colère.

Ici, dans la Somme, des ouvriers manifestent encore, parfois, en rangs épars, comme ce mercredi 30 avril. Sans certitude, pour la plupart, hésitants. Eux causent comme Ségolène Royal, maintenant, dénonçant « un manque d'équité dans le processus de vente », et non – avec plus de vérité, et combien plus de force – l'écrasement du Travail par le Capital. C'est qu'ils ne l'aperçoivent qu'à peine, peut-être, cet écrasement, que « confusément ».

Ils y jouent un rôle, et pourtant le sens de toute cette histoire leur échappe.

Comme une savonnette qui vous glisse entre les doigts.

On perd toute emprise[62].

« Que les pauvres aient le sentiment de leur impuissance, voilà une condition première de la paix sociale », observait Maurice Barrès. Que l'« ennemi » des pauvres ne soit jamais désigné, voilà une condition première de leur sentiment d'impuissance.

C'est se battre contre un fantôme, sinon.

C'est s'escrimer dans le vide.

On gaspille sa fureur.

« Quand je vois comment je les ai élevés, mes enfants, sans aide, sans demander rien à personne, et que je les vois qui galèrent, ça me donne la rage. On est encore trop gentils aujourd'hui. » C'est le père Deflandre, petit gros barbichu, qui s'énerve par procuration à Abbeville, au quartier de l'Espérance. Son fils Thierry vient de partir, à l'instant, en urgence : on l'a informé que l'ex-Bisconord (devenu une « plate-forme logistique ») recrutait des caristes et il a filé, aussitôt, déposer sa candidature. Parce que, sinon, il « ramasse des pigeons morts » en CAE (contrat d'accompagnement vers l'emploi) : la moitié d'un SMIC, à 29 ans et avec trois enfants. Guère mieux pour la fille : après un « BEP sanitaire et social », un « bac pro services en milieu rural », elle a intégré l'école d'aides soignants à Amiens. « On me disait que c'était le meilleur moyen d'avoir du boulot. Mais j'ai rien trouvé finalement. Si, j'ai reçu un courrier de l'ANPE : on me proposait de travailler au McDo ! Il fallait absolument que je bosse, alors j'ai pris un CAE comme femme de ménage à l'hôpital : "T'auras un pied dedans, on me conseillait. Après ils vont te garder." » Mais « après », ils l'ont jetée. « J'ai déposé mon CV partout. Je suis même allée voir l'assistante sociale : "Allez aux Restos du Cœur", elle m'a dit, c'était sa seule aide. Je préfère crever la gueule ouverte, ouais ! » Elle s'apprête, du coup, à déménager pour Toulouse : saut dans le vide, loin de sa famille, de ses amis. *Blam.* Le fils revient, claque la porte : encore raté, trop tard, ils avaient déjà embauché tout le monde, et l'ANPE qui ne l'a pas averti, et la Maison de l'emploi et de la formation non plus, et le PLIE (Plan local pour l'insertion et l'emploi) on se demande ce qu'ils foutent, etc. « Tous ces gens-là, conclut le père, ils sont bien installés. Moi j'ai envie d'avoir un chapelet de grenades et d'en poser une dans chaque bureau. »

Avec Mahfoud aussi, c'est le petit personnel qui trinque :

« J'ai trop la haine », il marmonne, dents serrées. Lui a passé sa journée dans les boîtes d'intérim, chez VediorBis (« C'est très calme. On n'aura rien avant septembre »), chez Manpower (« Comme manute, c'est surtout des fils du personnel qui sont en train de bosser »), chez Onepi (« En ce moment, y a rien en préparateur. Faut attendre la semaine prochaine »), etc. Le néant. Le néant depuis un an. Son permis cariste ne vaut plus rien : « Ils ont ouvert cinquante formations, maintenant tout le quartier a son CACES. » Et c'est avec le RMI que s'épanouit sa famille, une femme et trois enfants : « Je ne peux même plus leur payer le poney. » Alors il tourne en rond dans son appartement, lion en cage, énergie qui le consume du dedans, et il a « trop la haine ». Mais contre qui ? Contre quoi ? Contre la fille de chez Supplay ? Il lui a lancé « sale grosse » un jour d'énervement, « tu es laide, tu fais un mètre dix ». Contre le « cas soce » en bas de chez lui ? « Espèce de COTOREP ! il l'injurie rituellement, sur le seuil de l'immeuble. Viens dans le jardin de mon père. Si t'es un homme, on règle ça aux poings, on verra qui revient ! » Contre tout, et finalement contre rien. Alors il l'évacue comme ça, sa « haine », dans cette salle d'Amiens Nord, allongé sur le banc de muscu, à soulever des barres en fonte à bout de bras. Des visages, aux alentours, respirent la même tension. Mâchoires crispées. Traits tendus.

« J'ai la rage. » On voyage pour mieux retrouver l'identique, à Longwy ici – mais on pourrait aussi bien écrire Aulnay, Clichy, Rouen. Quatre anciens de Daewoo (subventions touchées, boîte fermée, usine incendiée) papotent aujourd'hui dans un taxiphone : « On contacte les intérims du Luxembourg. Deux appels, et ça me revient tout de suite à 4,57 €. Toujours "y a rien en ce moment", ils me répondent, "c'est calme, monsieur". » À l'heure de la prière, les plus barbus s'isolent derrière un rideau, dans une remise à papiers. « Maintenant je suis chômeur, dans six mois rmiste. Des fois on est déprimé, franchement. » À la sortie, Jonathan étale ses papiers d'ASSEDIC sur un capot de bagnole : son CDD de jardinage dans une association s'est achevé, et il touche « que dalle de l'État » : « Je peux pas les voir, c'est tout au téléphone. Quand tu vas là-bas, ils te font parler dans un poste devant l'entrée ! » Même plus une « hôtesse d'accueil » à traiter de boudin : sa « rage » s'épuise, contre personne, ou contre le « système ».

Un an plus tard, je repasserai en Lorraine : l'un des gars a commis un crime, en a blessé un autre au thorax. Coup de poignard un soir, motifs biscornus sinon inconnus. Ça ne me surprend pas : violence rentrée qui devait bien sortir, que le sang coule.

Toute cette rage éclate parfois comme un orage. Et c'est le « flic » qui sert de paratonnerre. Épouvantail à minots des cités. Chiffon rouge qu'on agite devant les taurillons désœuvrés : « Quand le sage montre la lune, l'imbécile regarde le doigt », et dans leurs émeutes instinctives les jeunes ne mordent que le doigt, en effet. Mais où sont les sages qui leur montrent la lune ? qui pointent d'autres adversaires, derrière les matraques, les casques, les gaz lacrymogènes ?

Eux subissent la « guerre des classes », en première ligne.

Ou sont déjà à l'infirmerie.

Main-d'œuvre méprisée, délaissée, tant le Capital dispose de Jonathan, de Mahfoud, de familles Deflandre (père, fils et fille), jusqu'en Bulgarie, jusqu'en Indonésie. Mais les nantis se lamentent encore : « Il faut baisser fortement les impôts pour être plus compétitifs », admoneste Bernard Arnault, le PDG de LVMH. C'est qu'il souffre de la pénurie de logements, lui, avec sa « superbe maison dans la résidence des Parcs » à Saint-Tropez (pourvue d'une piscine extérieure), son « bel hôtel particulier du VIIe arrondissement » de Paris « regorgeant d'œuvres d'art » (avec « une piscine intérieure qui complète l'ensemble »), son « palace au sommet, un refuge d'exception », à Courchevel, « la station où ses enfants ont appris à skier », son « superbe yacht de 70 mètres de long, *Amadeus*, rebaptisé ainsi en l'honneur de Mozart. L'été dernier, le chanteur Bono et l'ancien Premier Ministre britannique Tony Blair sont venus y passer quelques jours » – plus une île sous les tropiques, plus des « pied-à-terre » ici et là, lui qui se montre néanmoins raisonnable : « Les maisons, je crois qu'il ne faut pas en avoir trop. Il faut avoir le temps d'y aller. » Et qui reprend son antienne : « En matière de fiscalité, les prélèvements sur l'économie réelle ne baissent pas. »

Le pire, c'est que ces voix trouvent un écho parmi les précaires. Qui se rallient à l'oligarchie, à l'occasion. Qui élisent leur candidat. Qui épousent leur cause : « Moi je dis, pour qu'ils embauchent, il faut qu'on les exonère de toutes les charges patronales. » C'est à Abbeville, au quartier de l'Espérance, qu'on rencontre ces ultralibéraux qui s'ignorent. « Les "contrats d'avenir", si ça marche pas, c'est la faute à l'État qui a abusé les patrons. » Tous ligués contre un « État » qui les balade, eux, de l'ANPE à la Mission locale, d'un CES à un CAE, de promesses en illusions, tandis qu'à l'autre extrême Bertrand Collomb, PDG de Lafarge, vilipende ce « pays où l'État a encore trop d'importance ». Des alliés objectifs contre cet « ennemi » commun.

D'autant qu'autre chose séduit, aussi, la posture : « 500 pages de Code du travail, c'est 500 000 chômeurs. 3 000 pages de Code du travail, c'est 3 millions de chômeurs », assène Ernest-Antoine Seillière, avec une arithmétique sommaire. Et lorsque RTL interroge Serge Dassault : « Quand vous lisez *Le Figaro* tous les jours, vous vous dites : "Tiens, là, on dit la vérité aux Français" ? », le patron, sénateur, propriétaire du quotidien, répond : « Pas suffisamment encore. Il faut qu'il soit plus agressif. Il faut qu'il parle de libéralisme, il faut qu'il parle de flexibilité. Il faut qu'il dise l'état d'esprit à gauche. » Les voilà, les nouveaux iconoclastes – et Nicolas Sarkozy, avec ses « racailles » et ses « Kärcher », emprunte bien sûr de leur verdeur : étrangement, ces privilégiés manifestent une « agressivité » qui rejoint, par le ton sinon par le fond, la colère, la haine, la rage des Jonathan, des Mahfoud, des Deflandre. Bien davantage que la compassion doucereuse, l'humanisme creux, l'expertise technocratique des petits clercs du PS, chanoines de la bien-pensance.

Car aux Jonathan, justement, aux Mahfoud, aux Deflandre, les trop « sages » socialistes ne désignent pas l'« ennemi » : pendant que les vainqueurs écrasent les vaincus, et qu'ils se plaignent encore avec obscénité, pendant que ces rapaces de la Bourse remportent chaque jour leur « guerre des classes », les descendants de Jaurès prônent non pas une riposte mais une société « pacifiée », un pays « réconcilié ». Aucun risque, avec de pareils guides, que les jacqueries brûlent autre chose que des écoles en banlieue. Aucun danger que les jets de pierres atteignent des cibles plus « capitales »[63]...

Organiser la haine

Il faut guider cette colère.

Il faut canaliser la rage.

Il faut organiser la haine.

La famille Deflandre, par exemple, contre la famille Lagardère – ou plutôt la « dynastie » Lagardère : « J'ai de l'ambition pour mon nom, énonçait le fiston Arnaud en 1991, parce que je crois aux dynasties, et je crois d'autant plus facilement aux dynasties que celle-ci commence. » À 29 ans, lui ne courait pas les boîtes d'intérim son CV en main, non : il posait devant un tableau blanc, et au feutre bleu il dessinait l'organigramme de ses fonctions pour les caméras d'Antenne 2 : « Alors je suis directeur général d'Argil Group, d'Argil SA, de MMB, je suis vice-président du conseil de surveillance de la banque Argil, président de Cecorp et de MMB Développement », etc. Le fils Lagardère ramassait les mandats comme le fils Deflandre les pigeons morts. Mais pas pour 500 € par mois.

C'est à cette « dynastie » dans le besoin que Lionel Jospin a cédé, avec des ristournes, une Aérospatiale qui fonctionnait bien, une « mine d'or » même, une « entreprise leader » qui, depuis son lancement, depuis vingt-cinq ans, n'avait jamais licencié. Et aujourd'hui, en cette année 2006 où – de l'aveu même d'EADS – « le carnet de commandes mondial flirte avec son niveau historique », voilà que l'avionneur dégraisse. Voilà qu'un point d'interrogation plane sur le Santerre. Voilà que le coin va perdre ses emplois les mieux rémunérés, payés bien au-dessus du SMIC, avec le treizième mois et tous les avantages – des « privilèges » tellement anachroniques que le délégué CFDT, là-bas, me les liste en chuchotant, en rougissant, presque honteux : « On a une prise en charge de la mutuelle, une évolution de salaire et de qualification tous les ans, et puis une prime d'équipe pour les horaires décalés... Mais tous ces plus, on ne les a pas obtenus d'un coup, il a fallu du temps... » Arnaud Lagardère ne rougit pas, lui : il a, comme toujours sur les photos, le teint hâlé. En cette année de plan Power 8, sa fortune familiale a – selon *Challenges* – augmenté de 34 %. Son patrimoine a triplé, tout bonnement, en cinq ans d'EADS. 206 millions d'euros engrangés rien qu'en douze mois : de quoi payer, à peu près, durant un an, les 10 000 salariés qu'élimine Power 8. De quoi embaucher, largement, des aides soignantes pour les hôpitaux d'Abbeville, et d'Amiens, et de partout, si la santé de tous importait plus que les fantaisies d'un seul.

Arnaud Lagardère ne rougissait pas davantage, bêtement

soupçonné d'un flagrant délit d'initié : « J'ai le choix entre passer pour quelqu'un de malhonnête ou d'incompétent, qui ne sait pas ce qui s'est passé dans ses usines, se défendait-il dans *Le Monde* (sa copropriété). J'assume cette deuxième version. » La mairie d'Abbeville aurait sans doute, pour le fils Deflandre, pour une tâche d'entretien des immeubles, procédé au non-renouvellement de son CAE en cas d'« incompétence » avérée. Mais pour des missions éminemment moins sensibles, comme la direction d'une entreprise de défense, l'État français – ému par la sincérité de ces aveux – maintenait grosso modo Arnaud Lagardère dans ses fonctions. Plus généreux encore, Bernard Arnault récompensait sa franchise : après un siège à LVMH, il l'invitait au sein du conseil d'administration de Carrefour – autant de lieux où l'« incompétence » est rétribuée par des jetons de présence à 100 000 €, de la petite monnaie. Et, pour parfaire l'absolution, le magazine *Challenges* (où Arnaud Lagardère vantait ses « tripes » et ses couilles, « Il fallait en avoir... ») n'évoquait plus, déjà, le « malhonnête » homme, mais saluait sa « belle ambition » de « vrai vainqueur »...

Seul couac dans cette foire aux indulgences : un petit porteur l'interpella, durant l'assemblée générale d'EADS qui se déroulait à La Haye (car le siège du groupe est situé là-bas, aux Pays-Bas, afin d'échapper à la taxation sur les plus-values : un attachement à l'Europe toujours sentimental...). Ce petit porteur l'interpella donc :

« Monsieur Lagardère, les actionnaires ne peuvent pas voter pour un actionnaire incompétent, ce n'est pas possible.

– Sachez que je ne lâcherai rien et que je me souviendrai de tout », répliqua alors l'héritier, comme si, en plus de ses journaux, de ses missiles, de ses avions, il contrôlait une police politique. La voilà, sans doute, la « race des seigneurs » exaltée par Cécilia Sarkozy. Avec des euros pour titres de noblesse...

On peut les haïr, alors, ces nouveaux « seigneurs », cette « race » qui se sent supérieure, il faut croire, pour gagner en une journée, sans scrupules, autant que nous en une vie. Cette « race » qu'on ressent comme supérieure, et c'est plus grave, puisque nous consentons à ces vertiges d'inégalité, puisque nous tolérons leurs boniments, de « mérite », de « valeur », de « travail » : « deux fois trente-cinq heures par semaine » de boulot, prétend l'éternel bronzé Arnaud Lagardère – lui qui ne s'arrête que pour le ski, le tennis, la natation, que pour afficher sa prestance à la une des magazines, mâchoire solide, sourire carnassier, épaules carrées, torse gonflé, walkyrie en costume échappée d'une chevauchée de Wagner. Des surhommes, presque, eux, qui accumulent assez, en une carrière de superbureaucrate, pour établir leur « dynastie » dans les siècles et les siècles. Et qui osent chicaner pour leurs impôts. Et qui chipotent nos retraites de sous-hommes.

On peut haïr leurs laquais, aussi, qui tremblent déjà : « Il n'y a rien de plus dangereux pour une démocratie que la chasse aux élites », pétochait Jean-Marie Colombani (qui n'avait pas encore coulé *Le Monde* en fuyant avec un gros chèque). Lui redoutait ce « fond de l'air qui est populiste, qui est dangereux et qui est "Mort aux élites !" [...] Et malheureusement, nous sommes dans des pays où le courant anti-élites est abondamment nourri, hélas, par des démagogues de tout poil ». Pour éviter toute « démagogie », dans son émission sur France Culture, *La Rumeur du monde*, qu'il consacre à Airbus, jamais n'est prononcé « Arnaud Lagardère », encore moins « délit d'initié », et surtout pas « enrichissement » : Power 8, considère-t-il plutôt, est « un plan classique de restructuration, mais la confusion règne parce que les candidats s'en sont emparés. Là, on se trouve loin des États-Unis, où, quand Boeing a des difficultés, il licencie 4 500 ouvriers, parfois 10 000, avant de repartir », et son camarade Jean-Claude Casanova renchérit : « Si vous êtes aux États-Unis ou en Angleterre et que vous dites “je dois restructurer”, aux États-Unis les syndicats eux-mêmes applaudissent, les marchés financiers approuvent, tout le monde trouve ça normal, et c’est la preuve du dynamisme de l’entreprise. »

On peut les haïr, tous ces penseurs économistes journalistes qui « approuvent » toujours, qui « applaudissent » les vainqueurs, qui « trouvent ça normal », l’écrasement du Travail par le Capital, qui parent la « guerre des classes » de jolis atours, de théories raffinées.

On peut les haïr, oui, les livrer à la vindicte des vaincus.

Avec une « démagogie » décomplexée.

Avec un « populisme » sans frein.

Souhaiter une Terreur qui viendra les « restructurer », eux, à leur tour, et espérer qu’on vivra assez vieux pour fêter ce carnaval.

Il faut dépasser la haine, pourtant, qui s’en va, s’en vient, inconstante comme l’amour.

De près, aujourd’hui, par exemple, comment détester Laurent Dassault ?

« Je suis le fils du sénateur, le frère du député et le petit-fils du grand avionneur qu’était Marcel Dassault » – voilà l’autre « dynastie » des marchands de journaux, et de missiles, et d’avions. Il sort du terrain de polo, à Megève, une patinoire en extérieur où la neige fondue se transforme en gadoue : « Je suis très heureux, parce qu’on a très bien joué, avec une très bonne équipe en face de nous, et on l’a emporté. J’ai déjà gagné en 2006 et 2005, donc j’espère jamais deux sans trois. » Du commentaire de sportif, banal. « Je porte le maillot du mont d’Arbois, de la famille Rothschild. Ce sont des amis à moi, de longue date, et je suis très fier de porter leurs couleurs. D’autant plus que nous avons un vin en commun en Argentine, qui s’appelle Flechas de los Andes, et c’est un lien de plus qui nous unit à la famille Rothschild. » Une imbrication des « dynasties » capitalistes jusque dans les loisirs. « D'habitude, je porte le maillot rouge des Red Falcon, nos avions civils, l'équipe que je sponsorise. Je joue à Bagatelle en juin, à La Baule avec mon ami Jean-François Decaux en juillet, il m'arrive de jouer à Deauville. J'ai joué dans le désert, sur le sable, dans l'émirat d'Abou Dhabi. J'ai joué en Argentine, au Chili, au Brésil. J'ai joué en Arabie Saoudite. Chaque fois que je peux jouer, j'emmène mes bottes. » Chaque tournoi revient, certes, entre 20 000 et 30 000 € pour « trois jours de plaisir », mais après tout, si c'était sa folie, « la magie du cheval qui joue avec vous » ?

On se sent désarmé, alors.

Vide de colère.

Juste un homme, maintenant. De la buée couvre ses lunettes. De la sueur coule le long de sa tempe. Ça sent le crottin sous la tente. « Je m'occupe de la diversification du groupe, l'immobilier, le vin, les participations à l'étranger. Et je m'amuse beaucoup. Si vous ne vous amusez pas dans votre métier, ça ne sert à rien... » Il me traitait gentiment, sans arrogance, me guidait vers le salon VIP : comment le dépeindre en exploiteur ?

C'est la vérité, pourtant.

La froide observation des faits.

Il suffit de lire la presse, ce matin, mardi 20 mai 2008 : « La crise semble épargner l'aviation d'affaires. Après un excellent cru 2007 et malgré un pétrole cher, elle continue de bien se porter. » C'est *Le Figaro*, le quotidien du groupe Dassault, qui nous en informe dans ses pages saumon : « Ces quatre mois, Dassault Aviation a connu une activité commerciale assez bonne. [...] "40 % des commandes sont passées par des entreprises et des particuliers qui ne possédaient pas d'avion", explique Alain Aubry, directeur des ventes de Dassault Aviation. » Mais *Le Figaro* omet un détail dans cette actualité aéronautique. Il faut lire *Les*

Échos, alors, toujours ce mardi 20 mai : cette « production [qui] va augmenter de 50 % d'ici trois ans » chez Dassault s'accompagne d'une « seule ombre au tableau » : « une amplification des délocalisations ». Que confirme le PDG, Charles Edelstenne : « Les délocalisations constituent une arme décisive et nous allons être contraints d'y avoir de plus en plus recours. [...] La démarche naturelle va être la délocalisation dans des zones dollar ou à bas coûts, comme cela a été fait par l'industrie automobile [...]. »

Ils construisent ce monde où tout devient « naturel ».

Où la délocalisation, la quête planétaire des plus bas salaires, est présentée comme « naturelle » – même lorsque « Dassault Aviation enregistre une forte progression de son bénéfice net de 46 % au premier semestre ». Où les dépenses somptuaires d'un héritier m'apparaissent, à moi-même, en sa compagnie, comme « naturelles » : une question qu'il ne se pose pas, et que je ne lui pose pas.

Car tout est doux ici, des voix douces, une musique douce, des visage doux, rien qui accroche, tout glisse, tout lisse, et alors que je baigne à mon tour dans ce « naturel », que j'y trempe, plutôt, dans cette normalité où les manteaux de fourrure ont des cols de vison amovibles, où l'on compte moins de boucheries que de galeries d'art (dont le moindre tableau se vend à 18 000 €), la haine se ramollit, s'épuise, et je ne veux pas la maintenir pour de faux, comme une grimace. Bifurquer vers la raison, plutôt, pour révéler, derrière le « naturel », masqués, tout le « social », au contraire, tous les rapports (lointains) de domination – qui font de Laurent Dassault, gentil ou pas, arrogant ou pas, un exploiteur, avec son père, ses frères, ses pairs. Avec les parfums L'Oréal, avec les camions Dentressangle, avec les hypermarchés Auchan, qui tous ont acheté leur mégachalet à Megève, qui tous s'enrichissent sur le travail en miettes, sur les dimanches ouvrés, sur les temps partiels contraints, sur les salaires rognés, sur les pauses décomptées, sur la

Pologne la Chine l'Inde moins chères, et les spéculateurs autour qui s'enrichissent sur l'enrichissement, sur l'art en hausse, l'immobilier en hausse, le luxe en hausse, tous les marchés de l'inutile qui prospèrent sur l'inégalité en hausse...

Jusqu'à les combattre sans haine, enfin.

Combattre au-delà d'eux, à travers eux, le modèle qu'ils incarnent. L'avenir qu'ils nous fabriquent, à l'image de Megève, ce futur de la France.

« Bienvenue à la 12e édition du Polo Masters ! lance l'animateur dans son micro. Alors, d'abord, je voudrais remercier les employés municipaux qui ont tout fait pour que le tournoi se déroule, comme chaque année, sur la plaine du Jaillet. » Dans ce paradis pour riches, et qui ressemble bien à un paradis, il ne reste plus qu'eux et leurs serviteurs. C'est Étienne et ses amis qui, sitôt la nuit tombée, sitôt la température en dessous de zéro, chargent des camions de neige artificielle, la repoussent au bulldozer, replâtrent la montagne avec leurs pelles, à la lueur des phares, pour que demain, malgré la tiédeur de ce mois de janvier, les riches puissent skier sur un pan de piste. C'est Philippe, « photographe officiel » du Palo Alto, la discothèque où se déroule la soirée polo, qui prend des photos, et qui sourit, et qui tend sa carte, et qui courtise onctueusement, et qui repère un concurrent dans le noir là-bas, un autre « filmeur », mais officieux, pas attitré, avec une tronche de Chinois, et Philippe appelle le videur, et il appelle le directeur, pour que l'intrus dégage : « On est un peu comme des chiens, il ironise en aparté, on pisse autour de son territoire », comme des toutous, oui, qui se disputent leur bout de riches. C'est Marc, jeune voiturier à la sortie d'un restaurant, venu du Touquet pour la saison et qui, pendant le repas, passe d'une BMW à une Vel Satis pour faire tourner les moteurs, pour dégivrer les vitres, pour réchauffer les intérieurs, et quand son talkie-walkie grésille, « 16 », il saute dans la Mitsubishi « 16 », et il l'amène au client, et il attend son gros pourboire. C'est Jérôme qui, au Chalet des Sens, vérifie si le pH de la piscine est bon, et l'eau à 29 °C, et celle du jacuzzi à 36 °C, et qui se lève la nuit pour changer une ampoule, et qui se lève le matin pour préparer le petit déjeuner, avec riz au lait, salade de fruits, gaufres à la chantilly, et qui court à la supérette si les Américains réclament des pistaches, à l'épicerie si les Russes exigent des oranges. Tous ceux-là ne sont pas malheureux, non : ils ont trouvé une « place », au bon endroit, assez près des riches pour ramasser les miettes du gâteau. Mais ils annoncent ce monde où il faudra servir ou croupir, le larbinat comme promotion : tous domestiques, tous morpions, tous dans les « services à la personne » – version modernisée, euphémisée, encouragée, défiscalisée, borlooisée du valet.

« Sur la plaine du Jaillet, les conditions n'étaient pas bonnes à cause de la chaleur, poursuit le commentateur du Polo Masters. La mairie a aussitôt proposé la patinoire, et même ici il a fallu beaucoup d'efforts pour faire geler la neige. On espère qu'elle tiendra... » C'est de l'ironie involontaire, presque, ces « J'espère que la nuit sera fraîche », « Pourvu que la température descende de quelques degrés », « J'ai l'impression que malheureusement la surface est en train de s'abîmer un petit peu » : autour du terrain, on assiste à une exposition de 4 × 4 – dont un Honda qui sera offert au gagnant. Et la sono fait entendre ce cri d'effroi de l'organisateur : « Quand va-t-on retrouver un climat de saison ? », avant de recommander, dans la phrase d'après, la compagnie JetFly – qui sponsorise une équipe. C'est que ce « moyen de transport moderne » se démocratise : « Jets privés : ne vous en privez plus ! » titrait *Le Figaro* en 2004. Un journal qui indique maintenant, plus modestement,

« comment choisir la formule la mieux adaptée à ses besoins » : « les *very light jets* se vendent par centaines »... « les villes françaises déroulent de plus en plus le tapis rouge aux avions privés »... « l'hélicoptère est devenu le complément de l'avion d'affaires et même du TGV grâce au projet d'implantation d'une hélisurface près de chaque gare ».

De quoi secourir les hypermobiles de l'hyperclasse, tel le joaillier Philippe Charriol : amoureux de Megève, lui s'est longtemps servi de « calèches tirées l'été par des trotteurs, et l'hiver de traîneaux russes à quatre chevaux. On a marié ma fille, c'était superbe, avec toutes les calèches, la plus grande, la sienne, avec six alezans blancs... Nous étions écologiques avant l'heure ». Voilà pour la « lenteur des vacances », quand le « rythme du travail » réclame « l'avion, l'hélicoptère, la voiture » : « J'habite souvent à New York, à Hong-Kong, à Shanghai, un système de multirésidences, un pied sur chaque continent, qui me permet de suivre mes affaires et le soleil. » Et ce sont eux, tous ces princes du business, qui servent de modèles, avec leurs clones du show-business, du foot-business, du télé-business, du politique-business, du tout-business : « Un jour, Karl Lagerfeld me propose d'aller écouter un opéra à Louxor, raconte la frivole Inès de la Fressange, et comme on devait y aller en Concorde, on a trouvé plus drôle de faire l'aller-retour dans la soirée. » Voilà qui n'atteint pas l'ubiquité d'un Philippe Starck, directeur artistique de l'Union européenne : « Je cumule souvent deux cheminées dans chaque chambre de mes vingt et une maisons. Pour aller d'un endroit à un autre, on a un avion dans lequel on habite. Nos vingt-sept motos sont réparties dans le monde, le même modèle, la même couleur, avec la même clé. On peut aussi en embarquer deux dans l'avion. » Vers eux que volent les fantasmes de la jeunesse, nos espoirs de miteux, aspergés de clips et de pubs. Eux qui infusent leurs engouements dans les classes moyennes – résidence secondaire, Land Rover, voyage au

Pérou, week-end à Marrakech. Eux qui diffusent ces fantasmes jusqu'au quartier de l'Espérance : on salive devant ce bonheur inaccessible, ici aussi. On en grappille parfois des rogatons : Bernard revend ses jantes de R5 pour une Scenic d'occasion (avant-goût d'aventure), M. Lallemand est « parti en vacances en Turquie avec Géant ».

Destruction méthodique de la planète, à tous les étages.

Dont l'exemple vient d'en haut.

Et ils ne descendront pas volontiers de leur Olympe, eux que l'argent a faits dieux. Froidement, alors, fermement, patiemment, ardemment, il faut les combattre. Pas seulement pour qu'ils retombent sur le sol commun, hommes parmi les hommes, mais pour que leur monde d'égoïsmes s'effondre avec eux, ce monde où toutes les usines d'Asie, tous les bateaux sur les mers, toutes les suppressions de postes chez Goodyear et ailleurs, toute la division internationale du travail et du loisir et de la vie, ne sont dirigés que vers un but : « bénéfices ». Un monde où toutes les misères, toute l'ignorance, tous les désespoirs, toutes les famines s'effacent, se justifient, pourvu que résonnent ces mots : « dividendes », « CAC 40 en hausse », « Wall Street se porte bien ». Les combattre, enfin, pour que leur idéal d'accumulateurs – après les millions viennent les centaines de millions, puis les milliards, puis les dizaines de milliards –, cet idéal transmué pour nous en « travailler plus pour gagner plus pour dépenser plus », s'écroule dans nos têtes aussi, pour que sur les décombres de leurs monts d'or germe une autre espérance, une nouvelle évidence : « Consommer moins, répartir mieux », qui s'impose à eux d'abord, à nous ensuite[64].

*

Il en a fallu, de la propagande, des réunions dans des tavernes, des complots entre deux pintes, des tracts ronéotypés durant des nuits fiévreuses, des fatigues du petit matin, des prospectus diffusés en douce, des consignes qui se faufilent d'un atelier à l'autre, des meetings devant des foules mûres, il en a fallu, de l'argent, des petits sous de rien du tout, des écots infimes de lainiers, de tisserands, de charpentiers, de ferronniers, pour le voyage d'un délégué, pour une démarche au Parlement, pour l'organisation d'un congrès, pour l'impression de bulletins, il en a fallu, du sang, aussi, des émeutes écrasées, des innocents arrêtés, écroués, condamnés, exilés, exécutés, seulement coupables d'avoir espéré, il en a fallu, du découragement, des déceptions, de la solitude, des trahisons, pour de rares journées de triomphe, il en a fallu, de l'obstination, surtout, de la patience, ténacité qui traverse comme une héroïne l'*Histoire populaire des États-Unis* d'Howard Zinn, *La Formation de la classe ouvrière anglaise* d'Edward Thompson, *Les Origines de la Commune* d'Henri Guillemin : chaque fois le Peuple semble à terre, résigné, décapité de ses meneurs, dépouillé de ses organisations, son flambeau de résistance éteint, et chaque fois il renaît de ses cendres, d'autres rallument la torche qui s'éteindra à nouveau, et l'étonnant, et le paradoxe, c'est que, de défaite en défaite, il avance néanmoins.

Car à chaque défaite une chose avance : la conscience. La conscience, si simple, mais qui s'est forgée à force d'échecs, qui s'est répandue à force de siècles, la conscience qu'il y a « eux » et « nous ». Que leurs intérêts ne sont pas les nôtres. Qu'ils garderont tout si nous ne prenons rien. Qu'ils savent habiller, toujours, de jolis mots et de bonnes raisons l'injustice, la famine, le malheur des autres. Que même leurs fusils, leurs canons, ils les tournent contre les désarmés avec de beaux discours sur l'Ordre, l'Honneur, la Légalité, etc.

Et c'est cette conscience qu'on abandonne.

C'est cet héritage qu'on dilapide.

Pour faire les beaux.

Pour un supplément de notoriété.

Tant il est plus chic et choc, à l'instar du gauchiste à paillettes Toni Negri, tant il est plus élégant d'affirmer que « le concept de multitude subsume celui de classe », et de se pavaner dans le beau *Monde* avec des paradoxes : « En réalité, je me demande si le capitalisme existe encore aujourd'hui, et si la grande transformation que nous vivons n'est pas une transition extrêmement puissante vers une société plus libre, plus juste, plus démocratique », et d'épater la galerie avec des « L'univers continu a été remplacé par un univers fractal. De ce point de vue, le concept d'événement ne constitue pas le réel mais l'indique et constitue en tout cas la "métaréalité" dans laquelle nous sommes pris. Mais il faut faire attention de ne pas laisser passer l'occasion, le *kairos*, parce que ce "métaréel" devient lui aussi rapidement statique et mort s'il n'est pas investi par le *kairos* ». On ne comprend pas grand-chose à leur baragouin, mais ça fait intelligent dans les studios de France Culture, et ça donne de jolies interviews dans *Libération*, et leurs vapeurs postmodernes se propagent dans la nébuleuse altermondialiste, dans une dissidence qui confond Forum social et colloque de philosophie option « déconstructionnisme », avant que leurs fumisteries ne s'étendent à toute une gauche qui se perd sur l'« échiquier complexe » des « pays complexes » aux « problèmes complexes », quand elle ne s'égare pas dans « les réalités multiples et diverses de la société présente pour aller à contre-courant des pesanteurs et des frilosités » (du Ségolène Royal, bien sûr).

Derrière cette brume de mots, l'adversaire disparaît.

La frontière entre « eux » et « nous » se brouille.

La conscience s'effrite, dans les têtes, à Abbeville, à Amiens, à Méaulte.

Et c'est dommage[65].

C'est dommage, car il faut dire ça, aussi, sur Abbeville.

Survit autre chose, au quartier de l'Espérance.

Renaud : « On dit que le chômage baisse, mais c'est pas vrai ! Ils nous mettent en formation, en insertion, en contrats précaires. Ils nous cachent. Faudrait faire une grève, que tout le monde se mette main dans la main comme ça... »

Mme Berthin : « Nos contrats cache-misère, à qui ça profite ? Aux patrons, qui savent qu'on a besoin de boulot. Moi je travaillais 20 heures par semaine en blanchisserie, pour 609 €. Avec deux ados, on ne s'en sort pas. »

Jessica, qui s'emballe : « J'ai démarché les employeurs au porte-à-porte. Ça arrange les riches, les chèques emploi-service. Ils nous paient 7,50 € de l'heure, les impôts leur remboursent la moitié. C'est un peu dégueulasse de se servir de nous, en tant que chômeurs, pour avoir des subventions à la fin de l'année.

« Là, on a les grandes usines qui ferment, et ils nous mettent quoi à la place ? Le microcrédit ! J'ai l'impression qu'on est des petites bêtes qu'on vient choper à droite à gauche, quand on commence à crier un peu trop fort y a une petite aide de l'État, une t'chiote lumière. Et trois mois après faut redémarrer à zéro, changer d'expérience, un peu comme un yo-yo. C'est triste. Vous avez même envie de frapper les gens...

« Quand vous arrivez à la fin du mois, que vous êtes obligés d'aller voir les Restos du Cœur... Parce qu'on gagne rien. Me dites pas qu'un patron voudrait travailler, lui, juste pour 800 € par mois !?! Et moi, avec les petits boulots, je ne gagne même pas 300 €. Des heures par-ci... Ils se servent de nous, eux, parce qu'on est au RMI, ou aux ASSEDIC, ou qu'on a des enfants. En fin de compte, on en revient comme au temps des esclaves, où nous on n'a qu'à se taire. Ouais. »

C'est comme une flamme, une veilleuse secrète qui n'attendrait qu'un signal pour incendier les âmes en peine : le « nous » a survécu.

Et il s'oppose toujours à « eux ».

« Eux » qui tirent les ficelles.

« Eux » qui nous oppriment.

« Eux » qui nous exploitent.

Même si on n'utilise pas trop des mots comme ça.

Même s'il demeure vague, flou, imprécis, ce « eux ».

Et c'est un drame, un drame politique, cette intuition qui ne rencontre qu'un grand vide en face. Qu'aucun syndicat, qu'aucun parti à l'Assemblée ne vienne répondre « guerre des classes » à Jessica, à Renaud, à Mme Berthin. Qu'aucun ne vienne, comme Jaurès, désigner l'« ennemi » à combattre.

Épilogue

Dans le Vimeu
Abandons

Que notre constitution, messieurs, ait une base populaire, que ses principaux éléments soient calculés sur l'intérêt constant du peuple ; assez tôt, comme toutes les autres, elle tendra à favoriser les riches et les hommes puissants. Le peuple, dans nos sociétés modernes, n'a pas le temps de connaître ses droits ; il s'en remet à des riches du soin de les défendre, et il continue à travailler pour les faire vivre.

Adrien Duport, 22 octobre 1789.

« Income inequality seen as the great divide. »

« L'inégalité de revenus considérée comme le grand clivage. »

C'est un titre, non de *L'Huma Dimanche*, mais du *Financial Times*, paru ce lundi 19 mai 2008, alors que j'allais envoyer mon fichier Word chez Fayard :

« L'opinion publique à travers l'Europe, l'Asie et les États-Unis est significativement homogène pour considérer que le fossé entre riches et pauvres est trop large, et que les riches devraient payer plus d'impôts. »

Je poursuis la traduction, avec un dico franco-anglais sous le coude :

« L'inégalité de revenus a émergé comme une question politique hautement conflictuelle dans beaucoup de pays, pendant que la dernière vague de mondialisation créait une “superclasse” de riches.

« Un rapport du Programme des Nations unies pour le développement paru en 2005 a estimé que les cinquante plus grandes fortunes du monde gagnaient plus que les 416 millions les plus pauvres.

« Selon un sondage FT/Harris, dans les cinq pays européens consultés, de fortes majorités – allant de 76 % pour l'Espagne à 87 % pour l'Allemagne – considèrent que l'inégalité de revenus est trop grande. Même 78 % des Américains, traditionnellement réputés plus tolérants face aux inégalités de revenus, pensent également que le fossé est trop large. [...]

« Un rapport publié le mois dernier par le Center on Budget and Policy Priorities et l'Economic Policy Institute a relevé que les foyers à bas et moyens revenus n'avaient récolté que peu de gains durant les années 90, malgré l'expansion générale de l'économie. Pour le cinquième des salariés en bas de l'échelle, les revenus avaient même baissé de 2,5 % [...].

« Pour la première fois, le sondage FT/Harris a interrogé la population en Asie. En Chine, pays qui a expérimenté trois décennies de développement tous azimuts, 80 % des enquêtés pensent que l'inégalité de revenus est trop grande. [...] Des majorités nettes dans tous les pays s'accordent à dire que les impôts devraient être augmentés pour les riches et diminués pour les pauvres [66]. »

C'est dans la bible des banquiers de la City, donc, qu'on pouvait lire ça. Un peu inquiets, eux, peut-être, de cette « montée du ressentiment » – comme le redoute Alan Greenspan.

Hasard du calendrier : les socialistes français adoptent, au même moment, leur nouvelle « déclaration de principes ». Et dans leur prose on chercherait en vain des mots vulgaires, salissants, comme « superclasse », comme « pauvres », comme « inégalités de revenus », comme « impôts pour les riches ». Non, que de la noblesse d'âme : « Le Parti socialiste met la culture au centre de ses valeurs », « Le Parti socialiste est un parti européen qui agit dans l'Union européenne qu'il a non seulement voulue, mais en partie conçue et fondée », « Il combat les atteintes à l'intégrité et à la dignité humaines en raison du sexe ou de l'orientation sexuelle », etc.

« Liquidation totale ! » ils auraient pu inscrire sur leur boutique de Solférino.

« Soldes géants ! »

Alors que le parti de Jaurès s'affirmait, en 1905, comme « un parti de lutte de classes et de révolution [...] qui a pour but de transformer la société capitaliste en une société collectiviste », alors qu'en 1946 la SFIO souligne que « la propriété capitaliste a divisé la société en classes nécessairement antagonistes », alors qu'en 1969 le Parti socialiste, « parti révolutionnaire », « se fixe pour objectif le bien commun et non le profit privé », et pour cela vise à « supprimer l'exploitation – et par là même les classes », alors qu'en 1990 encore il maintient : « Les mutations incessantes et profondes des sociétés contemporaines n'ont pas éliminé les oppositions de classes et groupes sociaux », voilà qu'en 2008 le mot « classe » disparaît. Voilà que le Travail n'est nulle part opposé au Capital. Voilà que le PS lutte contre une autre fracture : « Les socialistes refusent une société duale où certains tireraient leurs revenus de l'emploi et d'autres seraient enfermés dans l'assistance. » Les militants en avaient rêvé durant un siècle : « Les classes seront abolies. » Leur parti les a bien abolies, en un sens : il n'en parle plus...

Mieux, même.

C'était hier soir, sur LCI.

Jacques Julliard, du *Nouvel Observateur* : « Le travail qu'a fait cet institut Edgar-Quinet sous la direction de Vincent Peillon s'attaque à un sujet bateau, les inégalités, une des vaches sacrées de la gauche, mais d'une façon originale. En disant : “L'égalité, c'est un admirable idéal, mais il faut bien voir qu'elle comporte des dangers spécifiques, ou en tout cas des obstacles spécifiques, et qu'une société qui a pour but l'égalité devient sensible aux moindres inégalités !” Plus une société a un idéal égalitaire, moins elle supporte les formes les plus bénignes de l'inégalité. »

Désormais, le Parti socialiste lutte (préventivement) contre le trop d'Égalité [67] !

Normalement, là, il faudrait que je conclue.

Henri Trubert, mon éditeur, souhaitait ça, au téléphone, lundi matin : une « conclusion ramassée », en quelques pages, « pour que le texte conserve sa densité ».

Je crois que c'est raté.

Je vais replonger.

Rajouter un chapitre.

Repartir en reportage.

Dans les entrailles de la gauche.

Pour comprendre ce silence en son cœur, ce mutisme sur la « guerre des classes » à l'heure des émeutes de la faim. À l'heure où, même d'après le *Financial Times*, « l'inégalité de revenus est considérée comme le grand clivage ». À l'heure où le rubricard « Économie » du *Monde* jubile : « Les trois quarts du CAC 40 sont dans le top des champions mondiaux. Preuve s'il en est qu'il existe une France qui gagne : celle des grands groupes. Depuis douze ans, ils ont su être conquérants. » C'est à cette heure-là qu'un non-député socialiste estime urgent, lui, de s'attaquer... aux attaques contre l'inégalité !

Sur la place de Friville-Escarbotin, donc, je vais suivre le doigt de Jaurès. Remonter la rue Henri-Barbusse jusqu'à la bourse du travail. Arpenter le coin, marcher sur ses pas, pour saisir ça : qui est Vincent Peillon ?

Et Ségolène Royal ?

Et Manuel Valls ?

Et Bertrand Delanoë ?

Qui sont-ils, à la fin, ces zélateurs du renoncement ?

Quels liens, familiaux, ou d'amitié, ou de camaraderie, ou de proximité, les rattachent au « peuple » – cet alpha et oméga, en théorie, de la démocratie, et encore davantage du socialisme ?

Autant de questions pour répondre à une seule : à quel camp appartiennent-ils, au fond – eux qui prétendent qu'il n'y a plus de camps, ni « vainqueurs » ni « vaincus » [68] ?

Chasse au fantôme

Au premier étage, Gilles Humel, le secrétaire de l'union locale CGT, clope gitane sur gitane. Sous son bras, une liste de noms qu'il surligne au Stabilo : en orange les préretraités, en bleu les déplacés : « Vincent Peillon, il était carrément absent sur la bataille de Laperche. Des déclarations générales, si, il en a fait : "Le Vimeu sinistré... le Vimeu doit innover...", mais, concrètement, rien. Il s'est contenté d'en appeler aux fonds européens pour gérer la fermeture !

– Mais est-ce que Vincent Peillon a livré une analyse, en détail, sur les bouleversements qui se produisent dans le Vimeu ?

– Non, je n'ai pas trace de ça. J'essaie de me souvenir. Mais non.

– Est-ce que Vincent Peillon a proposé une solution ?

– Honnêtement, non.

– Par exemple des barrières douanières ?

– Non, pas Peillon. Le seul qui tient ce discours-là, c'est Maxime Gremetz : "Le Vimeu meurt des importations... Si on ne réglemente pas, c'est fini..." Mais au Parti socialiste on n'a pas de retours sur nos propositions. Jamais ils n'ont initié une réunion de travail, même avec le conseiller général d'à côté.

– Et au Parlement de Strasbourg, est-ce que Vincent Peillon a rédigé des lois pour sauver l'industrie européenne ?

– S'il l'a fait, en tout cas, il ne nous a rien transmis.

– Mais alors : est-ce que Vincent Peillon est déjà venu s'expliquer ici, avec vous et les autres organisations ?

– Non, pas une seule fois. Il ne connaît pas la couleur de nos locaux.

– Et vous étiez hostiles à cette rencontre ?

– Non, on l'aurait accueilli. On aurait discuté, fait le point sur nos accords et nos désaccords. »

Je sais bien : la charte d'Amiens, l'indépendance des syndicats, et patati et patata. Mais que, en dix années, le premier secrétaire du PS dans le département, candidat trois fois dans le Vimeu, ne mette pas un pied à la bourse du travail, c'était normal ?

Pour me renseigner, j'ai rencontré Laurent Defer.

Lui habite un village à côté de Friville, où il a milité avant de fonder ses entreprises. Dans sa cour se trouve un 4 × 4 Pajero. Aux murs de sa demeure aérée, spacieuse, des toiles d'un artiste sénégalais – pays vers lequel il s'envole demain.

C'était un fils d'ouvrier coco, mais qui a réussi à l'école, qui a passé un BTS, qui a grimpé les échelons de cadre jusqu'à directeur, et qui s'est engagé chez les roses plutôt que chez les rouges. Avant Épinay, en 1972. Et il en a collé, des affiches tard le soir, et il en a bouffé, des sandwiches sur le pouce (même avec Mitterrand), et il a terminé secrétaire fédéral, numéro un dans la Somme, et on l'a reçu à la préfecture, à l'Élysée. Dans sa cuisine équipée, lisse et moderne, avec des baies vitrées lumineuses, lui estime que le PS a « raté le coche en 1995 avec Delors », qu'en cette année 2007 « Strauss-Kahn était le meilleur candidat pour la présidentielle », que « Fabius a trahi la social-démocratie par opportunisme ». On diverge sur tout cela, mais peu importe :

« C'est normal que Vincent Peillon ne soit jamais allé à la bourse du travail ?

– Non, c'est une aberration. Si vous ne rencontrez pas les acteurs qui peuvent avoir une influence, les syndicats, mais aussi les grandes associations, pourquoi pas les pompiers, c'est perdu. Je l'ai invité, moi, dans les sociétés de chasse, qui représentent quand même 3 000 personnes : jamais il n'a eu le courage de venir ! Au fond, Vincent s'est complètement désintéressé de la vie locale.

« C'est une erreur de stratégie flagrante quand on veut s'implanter dans le Vimeu, qui est quand même populaire, c'est un pays de dur métier... C'étaient des ouvriers paysans, avant, qui binaient les betteraves à la sortie de l'usine... Même la chasse à la hutte, on critiquera tant qu'on voudra, mais faut pas être paresseux, faut pas redouter la fatigue, le froid... Eh bien, si on veut s'implanter ici, il faut arpenter le terrain. Il faut suer aux côtés des gens.

« Lui, il est resté parisien. Quand on ne peut même pas voter dans sa circonscription, dans son département, quand on se fait radier des listes électorales et qu'on glisse son bulletin à Paris, ça dit tout ! Avant le scrutin, il a sorti un tract : “Si je ne suis pas élu, je ne viendrai plus !” Je lui ai dit : “T'es complètement fou !” Comme si les gens allaient le retenir, comme un messie...

« Tandis qu'en 81, moi, avec les copains, j'ai fait toutes les maisons au porte-à-porte. Et je les ai refaites pour le deuxième tour, parce qu'on ne savait pas trop si les voix de Marchais se reporteraient bien. Et quand on entre chez les gens, comment ça se passe ? “Viens, min fiu, on va boère el coup de rouge”, et on discute, et on veut convaincre, et à la fin le gars te sort un papier de sa poche : “Ne t'inquiète don pas, min fiu, il éto prêt min bulletin.”

« Cette fois-ci, des gens en phase de licenciement ont voté Bignon ! Le candidat de la droite ! Vous imaginez ?

– Et qu'est-ce qu'il racontait, alors, justement, Vincent Peillon, sur la métallurgie et les délocalisations ?

– Rien ! C'est ça le problème : rien ! Le Parti socialiste n'a rien à dire ! Le Parti socialiste en est réduit à des incantations, que des incantations... »[69].

La nuit tombe sur le front de mer. C'est là que réside Antoine Jean, avec vue sur la plage de galets : « Au départ, j'étais très content de faire la connaissance de Vincent Peillon, un jeune qui parle bien, la relève. »

(J'ai oublié de souligner ça : loin du « racisme antiparisien », le nouveau venu a au contraire bénéficié d'un *a priori* positif. « Très peu de monde l'a conspué, à l'époque, parce qu'il était "parachuté", se souvient mon ami Rémi, qui me déblayait le terrain. La difficulté, c'est plutôt maintenant, dix ans plus tard, quand tu as le sentiment que c'est toujours un parachuté. » Laurent Defer confirme : « On s'est dit : "Enfin un mec d'envergure nationale qui vient dans notre circonscription. Avec ce type-là, 36 ans, brillant orateur, le Vimeu va sortir de sa léthargie." » Et même les chasseurs, son image encore vierge, ont contribué à son premier succès : « Vous avez voté Peillon en 1997 ?

– Ça me fait mal de le dire, mais oui », concède Nicolas Lottin, conseiller général CPNT.)

Comme beaucoup, Antoine Jean est vite revenu de son enthousiasme initial : « Il venait assez peu aux réunions de section, et quand il venait il faisait des discours de tactique sur les autres dirigeants socialistes, un peu commère de la rue de Solférino.

– La situation de la métallurgie, il en parlait, par exemple ?

– Il n'en causait pas, il s'en foutait. Un jour, des ouvriers l'ont évoquée, et il leur a dit : "Faites-moi une note là-dessus", comme s'il se trouvait dans un cabinet ministériel, et pas dans le Vimeu. Mais il ne perdait pas le nord : à la sortie des meetings, il vendait ses bouquins ! Moi aussi, je me suis fait avoir. Je lui ai acheté *Jean Jaurès et la religion du socialisme*...

– Justement, je voulais le lire, mais ça m'embêtait de le payer...

– Je vous le prêterai, mais ça ne présente pas tellement

d'intérêt. Dedans, il recycle ses cours de philo sur Bergson, sur le matérialisme... Fallait voir ça : le pauvre travailleur qui se procure religieusement, c'est le cas de le dire, le livre d'un camarade et qui se retrouve avec une approche du temps chez Bergson ! Enfin, je pourrais vous en raconter pendant des heures. J'ai même constitué une revue de presse. »

On survole, ensemble, le dossier sous son coude : « Vincent Peillon rayé de la liste électorale à Chepy », titre *L'Éclaireur*, le tribunal d'Amiens ayant jugé que sa « résidence, précaire et discontinue parce qu'il n'y a pas de douche, ne saurait être qualifiée d'habitation au sens de l'article L.11 du Code électoral »... Sa réaction, surréaliste de suffisance, après sa défaite au second tour : « Je trouve dommage que le Vimeu n'ait pas été capable de se ressaisir suffisamment », le peuple qui s'est trompé, à nouveau, et dont il faut changer...

« Avant de partir, je ne voudrais pas oublier son livre sur Jaurès.

– Ah oui. Mais j'ai fait un tri. Je me demande si je ne l'ai pas jeté... »

Antoine Jean fouille dans ses étagères.

« Le voilà. » Il soulève la couverture, redécouvre la dédicace : « "À Antoine, en amitié nouvelle, j'espère pour longtemps." » L'« ami » rit : « C'était prémonitoire... »

Qu'importent les idées, pour l'instant, à la limite.

Juste un sentiment, d'abord : le mépris. Jamais, bien sûr, Vincent Peillon n'a avoué son mépris – et sans doute ne se l'avouait-il pas à lui-même : c'est une part de son âme qu'il aurait à renier (sa « famille communiste », il le répétait comme on présente un brevet, son « maître », le résistant Jean-Pierre Vernant, etc.). Mais tout, par son indifférence aux gens d'ici, par son absence d'intérêt à leurs loisirs, à leur travail, à leur vie, par son absence tout court à leurs côtés, tout témoignait d'un serein et profond mépris.

Je ressens autre chose, aussi : l'isolement.

L'anomie, presque.

Et son site Internet confirme mon impression. On ne relève, sur ces pages Web, pas la moindre trace d'une activité politique dans la Somme, ni d'une proposition qu'il aurait émise au Parlement de Strasbourg, ni d'un dossier qu'il aurait étudié pour Bruxelles. Rien. Y sont inventoriés, en revanche, avec une notable exhaustivité, ses passages dans les médias : « "Une victoire utile pour préparer l'avenir". Retrouvez l'interview de Vincent Peillon par Jean-Pierre Elkabbach sur Europe 1 », « "Nous avons des valeurs à défendre". Sur France 2, dans *Mots croisés*, consacré à la polémique autour des JO de Pékin », « "La gauche française doit sortir de ses crispations et se remettre en mouvement." Interrogé cette semaine par *Le Nouvel Observateur...* ».

Coupé du monde social, donc.

D'autant plus isolé que Vincent Peillon essuie, avec constance, le désaveu du suffrage universel – qu'il n'ose plus affronter. Et c'est tout le paradoxe : ses échecs le libèrent, en un sens. Plus d'électeurs à convaincre, plus de remontrances de militants grincheux, plus de *masse* populaire à entraîner dans son sillage : délivré de ces pesanteurs, il peut virevolter à son aise d'un revirement à l'autre, d'un micro au suivant. Car, étrangement, ses déboires électoraux ne ralentissent guère le rythme de ses interventions sur France Culture, dans *L'Express*, dans *Libération*, etc. : choix des urnes qui n'a plus de conséquences sur la démocratie médiatique.

Je suis tombé dessus, ce soir, à nouveau. Et à nouveau dans *Mots croisés* :

« Faire un service minimum n'est pas dérangeant, vient-il de déclarer.

– Vous êtes donc plutôt pour ? s'étonne Yves Calvi.

– Je pense, oui. » Et Vincent Peillon poursuit : « Le vrai problème de l'éducation, ce n'est pas les 10 000 postes [qui seront supprimés]. Tous ceux qui connaissent ce dossier savent que ce n'est pas la question. D'ailleurs, Sarkozy en demandait plus de 20 000. La question, c'est d'être capable de dire ce qu'on fait de l'éducation dans ce pays, et comment après, effectivement, on va soustraire ces 10 000 postes. »

L'animateur s'en trouve estomaqué : « Si successivement vous nous dites que vous êtes d'accord sur le service minimum et sur les réductions d'effectifs, alors là, je dois dire, la gauche est en train de beaucoup évoluer dans ce pays !

– Écoutez, ça me semble une évidence », confirme Vincent Peillon.

Mais au nom de qui, au fond, de quels travailleurs, de quelle « gauche », validait-il « service minimum » et « réductions d'effectifs » ?

Vincent Peillon ressemble alors au coyote dans les cartoons de Tex Avery : suspendu au-dessus du vide.

Sans base sociale où s'appuyer.

Discours qui ne repose sur aucune chair.

Apparatchik de Solférino.

Bavard au nez poudré qui tourne sur les plateaux télévisés, qui fait la roue devant les speakerines, plus proche des présentateurs clonés de LCI que des salariés du Vimeu.

Son camp dans la « guerre des classes », il le choisit chaque jour dans les faits.

Et les autres...

Si Vincent Peillon n'était qu'un cas isolé, l'anathème suffirait. Mais il constitue la règle, et non l'exception. Ils sont pléthore, au PS, les jeunes loups et les vieux éléphants qui errent dans un *no man's land* idéologique. Prêts à toutes les contorsions, « modernes », « libérales », voire carrément « sarkozystes », eux ont l'échine souple parce qu'ils n'ont plus d'échine.

Plus de socle social, d'abord.

Ça me rappelle une phrase. Entendue à la radio, de Laurent Fabius.

Il avait fait une balade et en avait tiré un bouquin. « J'ai eu besoin de retourner à la source, annonçait-il en tournée promo. Et la source, c'est notre peuple. J'ai donc choisi d'aller à la rencontre des autres, de cheminer dans toute la France. Je voulais d'autant plus cette rencontre que mon cœur, s'il a toujours battu à gauche, a longtemps battu comme à l'étroit. »

J'avais sursauté.

Lui était entré au Conseil d'État, à la sortie de l'ENA, en 1974 (à 28 ans), à peine encarté au PS il intégrait sa commission économique en 1975 (à 29 ans), devenait directeur de cabinet de François Mitterrand en 1976 (à 30 ans), accédait au comité directeur du PS en 1977 (à 31 ans), était parachuté dans la circonscription « imperdable » de Grand-Quevilly en 1978 (à 32 ans), était nommé ministre du Budget en 1981 (à 35 ans), etc., irrésistible ascension, d'un bureau lambrissé au suivant. Il avait fallu un 21 avril 2002 pour qu'il découvre finalement, à 56 ans, donc, le pays – et le « peuple » – qu'il a longuement dirigé... Mieux valait tard que jamais.

Cette photo raconte la même histoire : Ségolène Royal sort de l'Élysée, des dossiers sous le bras, porte un jupon vichy. Jeune et jolie, la peau si lisse : elle a 29 ans, et collabore au secrétariat général du président. « Ce n'est pas un sort enviable, taquine Régis Debray, que de monter à 23 ans dans une voiture avec chauffeur pour n'en plus sortir.

L'ENA, le stage en préfecture. Puis droit sur l'Élysée. Parachutage dans une bonne circonscription. Là, on laboure un minimum. Le blanc au zinc, le marché le dimanche. Puis l'Assemblée, un petit ministère, et sitôt après le fauteuil en région ou en département »[70].

Eux ont suivi la pente douce de l'ordre social, qui les a privilégiés plus qu'il ne les a brisés. Leur réussite, ils la doivent à leur obéissance récompensée, et non à des batailles remportées – docilité qui n'incline pas à jouer aux David contre les Goliath de l'Argent, de la Justice, de la Presse. Les seuls assauts qu'ils connaissent sont des escarmouches de couloir, des querelles d'appareil, des petites phrases perfides – ce « courage »-là, oui, ils le possèdent. Ils sont habitués aux honneurs, au pouvoir, aux lumières des médias – sans traversée du désert qui met à l'épreuve la foi : voilà qui prépare des convictions bien fragiles, que viendra retourner la moindre brise. Et qu'entendent-ils de la France, de ses espérances et de ses souffrances, autistes prématurés, ces socialistes emmurés dans leurs immeubles haussmanniens comme dans des prisons de luxe, qui ne visitent une salle de MJC apprêtée que dans le cortège d'une délégation officielle ?

Ils ont tourné « à gauche », une voie comme une autre.

Qui mène elle aussi vers les sommets.

Guère de risque, alors, que cette bourgeoisie défende les vaincus dans la « guerre des classes », qu'elle les arme pour une improbable victoire – qui réclamerait force et patience. Au contraire : comme un cheval de Troie, ces « rénovateurs » instillent dans la gauche le poison de l'acceptation, des luttes inutiles, du combat devenu vain – eux qui n'ont jamais combattu. Quand ils ne se chargent pas, carrément, du « sale boulot » – avec une conscience d'autant plus tranquille qu'ils n'ont pas à croiser le regard des vaincus, pas à vivre parmi eux.

Car sans ce socle « social », bien sûr, c'est toute la pensée « socialiste » qui chancelle. Un écroulement que révèle – malgré lui – Bernard-Henri Lévy.

Son *Grand Cadavre à la renverse* venait de sortir : « Pour moi, être de gauche, résumait-il, c'est être fidèle en même temps à quatre choses, à quatre mémoires, c'est tresser ensemble quatre fils : l'affaire Dreyfus (la lutte contre l'antisémitisme), Vichy (le fascisme), l'Algérie (le colonialisme), Mai 68 (l'autoritarisme). »

Un journaliste de *Libération* notait néanmoins une lacune :

« Le Front populaire (la lutte contre les inégalités) n'est pas dans la liste.

– Oui, c'est vrai, admettait le nouveau philosophe. Je me suis plus intéressé à la misère bosniaque qu'à la misère au coin de la rue. Je suis un peu sourd à la question sociale. Que voulez-vous, on écrit avec son intelligence et son inconscient. »

Cet aveu ne le disqualifiait pas.

BHL pouvait encore écrire : « La gauche est ma famille », et s'exprimer en son nom, sa « famille » ne le répudiait pas. Jack Lang clamait au contraire que « la gauche à réinventer devra s'inspirer de cet ouvrage, dont j'aime par-dessus tout la fraîcheur, la juvénilité, le souffle qui le portent ». « Il faut le lire, et le prendre au sérieux, et le discuter », estimait Vincent Peillon. « Je partage largement son diagnostic », complétait Pierre Moscovici. « Sa contribution alimente déjà le débat avec brio », ovationnait Manuel Valls. Qu'aucune page ne soit consacrée à l'emploi, qu'aucun passage ne s'attaque à la répartition des richesses, bref, que le « social » soit absent de son livre n'empêchait pas les camarades de « le prendre au sérieux », d'en faire – sinon une bible – du moins une source d'« inspiration ».

Et c'est tout l'avantage, pour ces opportunistes, que cette

gauche sans « classes » ni « luttes », sans « Capital » ni « Travail ».

Plus de camp à choisir.

La frontière devient poreuse.

Dans la « guerre des classes », ils veulent tout avoir. Aux côtés des vainqueurs, le confort, le succès, l'argent. Et y ajouter le prestige moral de Danton, Jaurès, Blum [71].

J'ai avalé un « Orangina-merguez », ce midi, au « barbecue de soutien » des Goodyear.

Ces costauds occupent l'entrée de l'usine, des tatoués, beaucoup, avec des flammes bleues qui courent sur leurs biceps. À la bombe jaune fluo, ils ont inscrit « Dupuis = Bâtard » sur la chaussée, contre le délégué CFTC – qui, de son côté, dans un communiqué, « condamne les méthodes staliniennes de la CGT (menaces, jets de canettes, insultes...) ». Des pneus sont lancés dans un brasier, et une fumée noire s'élève jusqu'au ciel. La musique fait « boum boum boum », souvent, dans les haut-parleurs : c'est pas du Mozart. Quand la journaliste de *L'Union* se pointe, elle est sifflée, « Malheureux qu'un bieau petit lot comme ça soye toujours en pantalon », le délégué lui claque la bise – et un ouvrier lui parle de « ces enculés de directeurs ».

Ne règne pas la finesse, donc.

Un peu beauf, même.

Et pourtant, en un sens, ces hommes sont des héros. À l'automne dernier, on s'en souvient, à 75 % ces ouvriers ont refusé les 4 × 8 – qui les feraient alterner matin, après-midi, nuit, week-end sans aucune stabilité dans les horaires, dans les repos. Le patron a cogné ferme devant cette ruade : 402 suppressions de postes et la menace d'une fermeture à terme. Pourtant, eux se battent encore : « 97 % de grévistes » annoncés ce 30 mai. Seuls les intérimaires, quelques cadres (et « Dupuis » !) franchissent le portail. La direction les a assignés au tribunal, dès aujourd'hui 16 heures, pour

« entrave au droit du travail », « troubles à l'ordre public », et les procès se répètent contre les meneurs de SUD et de la CGT. Ça doit tanguer dans leurs têtes, dans leurs familles parfois, même si, grandes gueules et gros bras, jamais ils ne dévoilent leurs faiblesses : « On va les dégager, ces enfoirés. » L'air de rien, dans leur coin de la zone industrielle d'Amiens Nord, eux défient la marche du monde. D'un monde uni de Wall Street à Matignon, et qui leur intime l'ordre de travailler plus pour vivre moins, pour « améliorer la productivité », pour « rattraper la Pologne », et – but final – pour augmenter le « bénéfice net par action ». Que des travailleurs anonymes s'opposent, seuls, à toutes ces forces rassemblées, oui, quelque part, leur action me semble héroïque.

Et dangereuse.

Eux valent bien les mineurs de Carmaux.

Sauf qu'on n'aperçoit aucun Jaurès, ici.

Personne depuis des mois.

Ni un DSK ni un BHL. Ni un ponte socialiste ni un intellectuel. Et ça traîne dans l'air, cet isolement. Lutte courageuse mais découragée, sans prolongement dans les journaux, dans le Parlement, dans les débats du temps. Comme une semence qui ne trouve pas de sol où germer. Tandis qu'ils paradaient tous à la Gay Pride, hier : Jack Lang, Jean-Paul Huchon, Bertrand Delanoë...

Et derrière...

La nouvelle « déclaration de principes » est maintenant ratifiée.

À 84 %.

À 84 %, les adhérents ont rayé de leur corpus les « oppositions de classes ».

Ne pas saisir cet indice, c'est ne rien saisir. C'est maintenir la fiction de « leaders » qui tromperaient leur « base », mais non : on peut bien couper quelques têtes Royal, faire valser les Valls, on n'arrachera pas la racine du mal. Bien plus profonde. Car le gros des bataillons a suivi, a consenti au « sale boulot », à l'Europe avant tout, au libéralisme doux. Rares sont les encartés du PS qui ont crié à la trahison dans la « guerre des classes ».

Et il faudrait comprendre cela : les événements, mais aussi les non-événements.

Le bruit, mais aussi le silence.

Cette indifférence qui s'est répandue, à gauche, face aux inégalités. Cette résignation à l'injustice. Et, pour comprendre, repartir du Vimeu...

Pour préparer ma virée, j'en avais d'abord discuté avec Rémi. C'est un ami, lui. Il travaille dans la com' à Amiens, mais revient ici chaque week-end, envisage de bâtir dans le coin, et chasse à la hutte. Je souhaitais rencontrer ses copains « hutteux », l'un travaillant dans son atelier de menuiserie, l'autre dans une usine de cailloux : « Tu es sûr ? il m'avait demandé (et j'espère que cette analyse, ici, n'enlèvera rien à notre amitié). Tu es sûr ? Parce qu'avec leur petit pois dans la tête, ils votent plutôt FN. » Oui, j'étais sûr, d'autant qu'il fut une époque, je lui opposai, où les travailleurs à « petit pois dans la tête » votaient naturellement à gauche.

Ma journée en terres socialistes fut parsemée de ces signes, plus ou moins discrets, d'un tel « racisme de l'intelligence ». Avec tout mon respect pour mes interlocuteurs, j'en mentionnerai les traces, moisson faite en de rapides discussions :

Le cadre Antoine Jean évalue sobrement : « Ici, le niveau intellectuel est moyennement faible... »

L'entrepreneur Laurent Defer développe, lui, avec davantage de verve : « Le pauvre con (son menton se tourne vers la fenêtre, désignant les rues dehors et les rares passants qui y circulent), le pauvre con qui regarde sa télé et qui entend Ségolène Royal : “Il faut ménager les patrons”, il est perdu... » « Vous savez, prendre un abruti du Vimeu... C’est pas péjoratif, c’est comme ça, ils sont pas bien évolués... Le patron, il se dit : “Pourquoi pas prendre un abruti de Tunisie à la place et qui coûte dix fois moins cher ?” » « Parce qu’y a des cons, ici, le niveau vole quand même un peu bas... » « Que Sarkozy s’augmente de 140 %, pourquoi pas ? Ce qui me choque, moi, c’est les footballeurs qui sont payés des millions pour taper dans le ballon, et que des pauvres cons paient pour les regarder dans les tribunes ! » (Je me suis demandé, en sortant, et donc trop tard, si le Laurent Defer des années 70 aurait tenu le même discours. Si, face à un Parti communiste solide, nourri à la mythologie du prolétariat conquérant, si lui n’abordait pas les travailleurs de son coin avec plus d’humilité, en des rapports plus équilibrés que le socialiste cultivé de l’an 2000 ? Ce dernier s’étant débarrassé, qui plus est, de l’imagerie marxiste où le bleu de chauffe vaut bien une couronne d’épines... C’est un regret : j’aurais dû l’interroger là-dessus.)

Cette conversation, enfin, avec les parents de Rémi – tous deux enseignants, tous deux proches du PS, mais en désaccord sur le « cas Peillon » :

Lui (souriant dans ses bacchantes) : Quand Peillon est venu en baie de Somme avec François Patriat, ils ne savaient pas qu’il fallait des bottes ! Ça veut tout dire ! Sarkozy, quand il se pointe, il enfile sa paire de bottes !

Elle : Enfin, il amenait quand même du sang neuf. Il avait des idées bien neuves. Il se présentait encore comme de gauche, pour l’école publique, pour la création d’emplois.

Lui : Mais la « création d’emplois », qui est-ce qui est contre ? Les employeurs, les sous-traitants de la métallurgie, quand je les croise, ils me disent tous la même chose : « On a des problèmes, nous, et jamais on ne le voit, Peillon. »

ELLE : C'est sûr, c'est un idéaliste. Il nous le disait : les choses locales, ça ne l'intéressait pas. Enfin, quand même, un philosophe ici, parce qu'il est agrégé de philosophie, n'est-ce pas ?... Je trouvais qu'il relevait le niveau.

LUI : Tu es éblouie ! Ça impressionnait les militants, c'est vrai, ce savant débarqué de Paris. Et qui n'aspirait qu'à y retourner bien vite. D'ailleurs, en 2002, quand j'ai émis des réserves sur son suppléant, il m'a répliqué : « C'est pas grave. De toute façon, j'aurai un ministère. »

ELLE : C'était bon pour la circonscription, quand même, parce qu'ici, souvent, ça vole au ras des pâquerettes...

La classe moyenne du PS était flattée, donc, que Paris lui accorde cette faveur, un « agrégé de philosophie ». Mais la faille initiale entre ces militants éduqués du cru et leurs voisins moins instruits, cette faille s'est ouverte en un fossé, un fossé d'arrogance entre le hiérarque Vincent Peillon, pas encore adoubé par le suffrage populaire et qui se croit déjà ministre, et le peuple, justement, le peuple des chasseurs, le peuple des smicards, le peuple des bottes boueuses, le peuple des 30 % admis au bac, le peuple des recalés de sa modernité.

« Relever le niveau », « ras des pâquerettes », « abruti du Vimeu »... Ces expressions, qui abondent, traduisent une cassure entre adhérents et habitants. Ici comme dans le reste du pays. Il suffit de brosser, à grands traits, en une rafale de statistiques, un portrait du Parti socialiste.

Quant aux origines sociales, d'abord : le PS ne compte que 5 % d'ouvriers. Contre 22,8 % dans la population française.

Les attaches familiales s'érodent elles aussi : alors que, en 1985, 28 % des encartés étaient fils – ou filles – d'ouvriers, il n'en reste plus que 8 % en 1998.

Quant aux fonctionnaires, ensuite : alors que le pays

compte 30 % de salariés dans le public, ce secteur emploie 59 % des socialistes. Dont 23 % d'enseignants.

Quant à l'âge, également – qui s'établit à 55 ans, en moyenne. Avec 40 % de retraités...

Quant au diplôme, enfin, et peut-être surtout : 66 % des militants détiennent un baccalauréat – contre 29 % des Français. Et le PS attire de nouveaux entrants toujours mieux éduqués : 54 % disposent d'un bac + 3.

Voilà pour la « base ».

Et plus on s'élève dans la hiérarchie de l'appareil, plus cet étau social se resserre : dans les ministères socialistes, par exemple, parmi les directeurs de cabinet, la bourgeoisie règne en maîtresse de maison.

Quant aux députés PS, on relevait un maigre 2,2 % d'ouvriers en 1981 : un mauvais souvenir effacé depuis[72]...

Cette composition éclaire, à elle seule, l'inaction du PS face à l'horreur économique.

Quand, en 1983, les socialistes opèrent un « nettoyage » salué par la droite, à aucun étage du parti cette « réorientation » ne coince – car à aucun étage ses membres ne sont massivement touchés. Quand, depuis 2001, rapporte l'AFP, « la France a enregistré près d'un demi-million de destructions nettes d'emplois dans l'industrie », quand, selon le cabinet McKinsey, « près de 20 % des emplois industriels sont aujourd'hui fortement menacés », cela n'ébranle aucunement le PS. Car, pour être conduit à s'insurger contre l'ordre, il faut que l'ordre fasse mal – à soi, à sa famille, à ses voisins.

Or, sauf exception, l'ordre cajole les parlementaires qui rédigent les lois – et leur famille, et leurs voisins. Sauf exception, l'ordre cajole les journalistes qui commentent l'actualité – et leur famille, et leurs voisins. Et l'ordre, sinon cajole, du moins préserve les adhérents socialistes.

Diplômés, en moyenne.

Plus qualifiés.

Plus âgés.

Avec la sécurité de l'emploi public.

Cumulant aisance financière et compétence culturelle.

Moins touchés par le chômage, l'intérim, les CDD, donc.

Davantage à l'abri de la concurrence internationale.

Quand la précarité touche avant tout le privé, les jeunes, les non-qualifiés, les milieux populaires.

S'installe alors une indifférence à leurs difficultés, à leurs tourments.

La gauche s'en détourne.

Les socialistes consentent, passivement, sans enthousiasme mais sans se cabrer, à une globalisation qui ne les écrase pas. Et qu'on accommode à leur sauce : « Le métissage est l'avenir du monde », proclame Edgar Morin dans *Le Nouvel Observateur*, célébrant *La Découverte du monde*, d'Edwy Plenel, essai qui a « pour idée-guide le métissage », pour héros « l'homme mêlé », lui qui, contre « la peur de l'autre », suit « la trace métisse où s'invente un nouvel humanisme cosmopolite » dans notre France, « belle entité métisse, née de l'intégration et du mélange d'ethnies extrêmement diverses », etc. Ce baragouin généreux – « multiculturalisme », « mélange des cultures », « ouverture à l'autre et au monde », « vivre ensemble avec nos différences » – se répand des intellectuels de gauche (Touraine, Wieviorka, etc.) aux hommes politiques de gauche (Lang, Delanoë, etc.), jusqu'aux médias de gauche (*Le Monde*, France Inter, etc.) et surtout aux artistes de gauche (Manu Chao, Julien Clerc, etc.). Plus une manifestation festive n'échappe à cet impératif : « métissage culturel », annonce le Festival international du film d'Amiens, « métissage des sonorités », lui fait écho le Festival de jazz, tandis que la Nuit blanche sera placée « sous les auspices du métissage ». Même mon quartier, picard, plutôt popu, berceau de Ch'Lafleur, est désormais décrit comme « empreint de métissage culturel » !

Cette bien-pensance pénètre, bien sûr, les salles des profs, les cours d'éducation civique : pour lutter contre le racisme et l'intolérance, vive le « métissage » ! Et Jacques Chirac panthéonise l'« écrivain métis » Alexandre Dumas – avant de lancer, pour occuper sa retraite, une « fondation pour le dialogue des cultures ». L'idée devient idéologie, presque d'État, encouragée par les radios, les ministères, les colloques, les écoles.

Pourquoi pareil consensus ?

C'est qu'il fallait habiller la mondialisation pour la gauche : qu'on lui vante le « libre-échange des cultures » pour qu'elle épouse le libre-échange des marchandises. Qu'elle encense l'« ouverture à l'autre et au monde » pour que PDG et banquiers profitent d'une plus concrète ouverture du monde à leurs capitaux. Qu'on lui serine Montesquieu, et Spinoza, et Diderot, dont les écrits circulaient librement en Europe, pour qu'elle acquiesce à la libre circulation des euros. Toute une propagande mièvre qui rend les mots « frontières », « régulations », « protectionnisme », « barrières douanières » poujadistes, interdits aux hommes de progrès.

Ce leurre est toléré par les militants du PS, par leurs sympathisants. Dont l'engagement a bifurqué vers l'« éducatif », le « culturel ». Tandis que la « question sociale », et économique, est reléguée à l'arrière-plan[73]...

Je rendais visite à Stéphane, à l'hôpital.

Sa jambe s'était bloquée, son bras à moitié aussi. Une langueur l'habitait depuis des années, qu'on attribuait à son boulot chez Goodyear : « Je fais la gomme en début de production. Elle tombe entre deux cylindres, et je la ramasse. À notre niveau, on nage dans la saleté, les produits chimiques, on avale beaucoup de vapeurs. » Son travail l'ennuyait à mourir, et il semblait dépérir. Avec sa guibolle coincée, maintenant, les médecins émettaient d'autres hypothèses.

Je lui apportais donc *Darling*, de Jean Teulé, pour le réconforter. Son père était là, dans le couloir, ancien de chez Goodyear aussi, qui avait pistonné son fils pour qu'il rentre à la chaîne. Parce qu'il faut être pistonné, maintenant, pour rentrer à la chaîne : « Avant, au Banbury, on ne trouvait que des Noirs et des Arabes, parce que c'est un travail dur. Maintenant, il n'y a plus que des Européens, des bacheliers parfois, en intérim. » On s'est mis à causer politique, c'était fatal : son paternel avait voté pour Gilles de Robien, qui venait de perdre la mairie d'Amiens. « Regardez la liste de gauche, il me disait, y a que des profs, plus des associatifs, de la culture. Nous, on ne les aime pas, les profs. Une fois, je me suis rendu à une manifestation, en centre-ville. Ils ne nous écoutaient pas, ils s'en fichaient de ce qu'on vivait, et j'ai senti de la distance vis-à-vis de nous, les ouvriers. Je sais bien qu'il ne faut pas généraliser, mais... »

Si, justement, il faut généraliser.

Il faut comprendre cette scission.

Tant l'indifférence est structurelle :

« Les enseignants, qui constituent l'un des cœurs sociologiques de la gauche, sont faiblement menacés par l'évolution économique, analyse le démographe Emmanuel Todd. N'ayant pas à craindre au jour le jour le licenciement ou une compression de salaire, ils ne se sentent pas menacés d'une destruction économique, sociologique et psychologique. Ils ne sont donc pas mobilisés contre la pensée zéro. Sans être le moins du monde "de droite", statistiquement, ou favorables au profit des grandes entreprises, ils sont atteints de passivisme et peuvent se permettre de considérer l'Europe monétaire et l'ouverture des échanges internationaux comme des projets idéologiques sympathiques et raisonnables. [Voilà qui] assure la stabilité européiste et libre-échangiste du Parti socialiste, dans ses tréfonds militants et non pas simplement parmi ses dirigeants.

« L'immobilité idéologique des enseignants les a séparés de cet autre cœur sociologique de la gauche que constituent les ouvriers, qui eux subissent, depuis près de vingt ans, toutes les adaptations, tous les chocs économiques concevables[74]. »

L'Europe – et ses ersatz : le libre-échange, la mondialisation – avait ouvert un fossé économique dans les destins sociaux. Elle ouvrait maintenant un fossé politique entre vainqueurs et vaincus.

Que condense un mot : « populisme ».

Alors qu'à 79 % les ouvriers rejetaient le Traité constitutionnel européen, Serge July diagnostiquait « une épidémie de populisme ». Et son quotidien de la gauche comme il faut, *Libération*, recensait les symptômes de cette maladie : « Le non néerlandais renvoie en écho au non français un même mot, “populisme” », « Les gouvernements de droite comme de gauche n'ont cessé de flatter le populisme », etc. Quant au *Nouvel Observateur*, l'hebdomadaire de la gauche comme il faut, il s'inquiétait – sous la plume de Jacques Julliard – du « vertige populiste » qui avait saisi l'Europe, de cette « dégénérescence plébéienne, parfois même populacière, de la démocratie ».

« Populiste », « plébéienne », « populacière ». Trois adjectifs pour le prix d'un : décidément, les classes « populaires » d'hier avaient mal tourné... et c'est toute la gauche comme il faut qui leur tournait le dos, qui s'éloignait d'elles avec dédain : « Les arguments du non sont les plus faciles et les plus populistes », pestait Dominique Strauss-Kahn. « C'est du populisme, c'est ce qui a mené l'Italie d'autrefois à ce que l'on sait », ne pinaillait pas Martine Aubry.

L'accusation s'est propagée depuis.

Cette après-midi encore, je distribuais un tract qui citait

le livre, essentiel, de Hervé Kempf, *Comment les riches détruisent la planète*. « C'est pas un peu populiste, ça ? » me lança un musicien à longs cheveux, sympathisant des Verts. L'épithète revient à chaque réunion publique, prononcée comme un verdict dès qu'on évoque une proposition audacieuse – « des taxes sur les produits importés », « la surimposition des hauts revenus » – ou dès qu'on énonce la trop simpliste « guerre des classes » : « populiste ». Tant tout rapprochement avec le peuple ne mène qu'au « -isme » dangereux.

Prélude au fascisme.

Des promesses de cadavres [75].

Un vague souvenir me chagrinait : Yves Gibeau, un de mes écrivains favoris, l'auteur d'*Allons z'enfants* et de *Mourir idiot*, avait reçu, il me semblait, le « prix du Roman populiste ». J'ai vérifié dans ma petite bibliothèque : oui, c'était pour *Les Gros Sous*, en 1953. Et, dans la foulée, j'ai découvert qu'on avait remis ce trophée à Louis Guilloux, aussi, à Eugène Dabit, à Maurice Carême, à René Fallet, eux dont on récite parfois les poésies à l'école primaire, dont les instituteurs livraient les textes en dictées. C'est étrange, j'ai pensé : hier, on glorifiait des intellectuels par ce terme, « populiste », les meilleures plumes s'en trouvaient ennoblies, un genre de compliment, et voilà qu'aujourd'hui les éditorialistes, les politiques en usent comme d'une injure.

J'ai alors feuilleté le dictionnaire. Trois lignes, juste, dans *Le Petit Robert* :

« POPULISME. n. m. – École littéraire qui cherche, dans les romans, à dépeindre avec réalisme la vie des gens du peuple. »

Toute une littérature de gauche s'était efforcée – car c'est un effort – d'embrasser le peuple.

Toute une aristocratie de gauche ne vise plus qu'à le

répudier, qu'à s'en distinguer : non seulement elle a perdu son peuple, mais elle s'en flatte presque ! Et c'est elle qui réclame, quasiment, un retour au suffrage censitaire : « Du groupe le plus défavorisé, écrit Dominique Strauss-Kahn, on ne peut malheureusement pas toujours attendre une participation sereine à une démocratie parlementaire. » Mieux vaudrait qu'ils n'y participent pas du tout. Un « délit de démocratie », s'insurgeait d'ailleurs Jack Lang après le 29 mai : à la prochaine occasion, on contournerait les urnes. À l'occasion suivante, de fait, pour le traité de Lisbonne, on les a contournées : la démocratie fonctionne mieux ainsi. Sans le démon du *demos*. « Les gens qui ne comprennent rien au monde qui les entoure sont beaucoup plus nombreux qu'on ne le pense, explique Philippe Val, le directeur de *Charlie Hebdo*. Ils sont peut-être 50 millions sur 60 millions. » Voilà la nouvelle avant-garde : qui ne veut surtout pas laisser la république aux mains de ces « gens »-là.

Plutôt que d'unir la petite bourgeoisie et les nouveaux prolétaires, tout un discours encourage l'inverse : « modernes cultivés » contre « archaïques ignorants », « petits pois dans la tête » contre « je n'aime pas les profs ». Que s'ouvre entre eux comme un fossé. Que jamais ils ne se joignent, eux qui, seuls, ne peuvent rien, mais qui ensemble pourraient tout.

Renverser l'oligarchie.

Vaincre les vainqueurs.

Troubler la si tranquille « guerre des classes »[76].

*

J'ai cherché à contacter Vincent Peillon, pour conclure.

Il allait venir à une conférence de presse qui se tenait au Lucullus, un bar d'Amiens, avant les municipales.

Une heure durant je n'ai assisté qu'à ce spectacle : une

chaise vide. Les premiers secrétaires des Verts, du PRG, du PC étaient là, bien en rang, mais pour le PS une chaise vide. Puis le non-député débarque, avec quarante-cinq minutes de retard, et Christian Manable – un baron socialiste du coin, devenu président du Conseil général – salue son arrivée d'un : « Veuillez excuser notre camarade, il participait ce matin à une émission sur i-Télé... »

Le dernier venu s'assied, envoie distraitement un texto – tandis que les candidats poursuivent leurs palabres. Pour conclure, lui pérore à son tour sur « l'inflation qui est catastrophique ». Et il lance : « On ne cesse d'être confrontés, nous les élus de terrain... » On croyait à de l'humour : non, c'était du culot.

« M. Peillon nous aura fait l'honneur d'un quart d'heure avec nous », raille en sourdine une participante. Mais ce « quart d'heure » sera rentabilisé par un passage à la télé : c'est vers lui que se précipitent le micro de France Bleu, la caméra de France 3.

Je tente de l'interroger, à mon tour. Mais non, il est pressé, doit reprendre un train. Qu'on l'appelle demain. Puis, demain, qu'on l'appelle après-demain. Puis, après-demain, il refuse tout net : « Non, un ami m'a dit que vous alliez écrire du mal de moi... Vous faites le jeu de la droite, avec vos attaques contre la gauche...

– Mais c'est pas contre la “gauche” en général, c'est contre vous personnellement.

– Écoutez, ça ne m'intéresse pas, vos basses polémiques... »

De toute cette campagne, le chef du PS dans la Somme ne tracta pas un seul document, ne tint pas un seul meeting ici. Mais qui aperçut-on, aux côtés d'Arlette Chabot, le soir du premier tour ? Vincent Peillon. Et pour déclarer quoi ? « Vous avez vu ce qui est arrivé à Gilles de Robien, à Amiens, parce que c'est quand même ma ville... »

Avant de me coucher, je parcours son essai sur *Jean Jaurès et la religion du socialisme.*

« Le relativisme de *La Critique de la raison pure*, écrit-il, est donc dépassé par le finalisme de *La Critique du jugement*. [...] Sens esthétique, sens intellectuel préparant la capacité à socialiser dans la paix, Jaurès compte aussi parmi les premières tendances le sens métaphysique. [...] C'est à cette question essentielle, celle de la fin dernière, question eschatologique mais aussi téléologique, puisque la fin anime l'histoire depuis son commencement, l'oriente, que Jaurès, contrairement à Marx, répond directement. » Je ne voudrais pas tourner ces pages en ridicule : rien ne me qualifie pour évaluer leur apport quant à la philosophie ou à l'histoire politique. Juste une observation d'ensemble : Jean Jaurès ne fut pas, et heureusement, que pur esprit.

Il fut une action, aussi. Il fut un corps en mouvement, et ses mains ont serré cent mains rugueuses, calleuses, ce soir d'automne 1892 où les mineurs de Carmaux, après des questions, après des contestations, le choisirent comme candidat « socialiste » et où Aucouturier, le meneur syndical de la verrerie, se leva, solennel : « Nous vous avons combattu, citoyen Jaurès, mais la majorité est avec vous. Nous nous rallions donc à votre candidature. Si vous marchez droit, vous n'aurez pas d'amis plus fidèles et plus dévoués que nous. » Ses pieds ont parcouru des lieues, de ferme en ferme, évitant les flaques d'eau, glissant sur un talus, pour gagner une à une les voix des paysans de Pampelonne, de Monestiés, de Valderiès, bavardant en occitan avec eux. Ses bras se sont levés pour échapper aux coups lorsque, comme il le narre, s'avançant « dans cet âpre bloc de montagnes cévenoles où le pouvoir du châtelain de la mine, qui possède encore les forêts des montagnes, s'étend jusque là-haut, se combinant avec la puissance du curé, avec la puissance des sorciers, avec la vieille ignorance des populations montagnardes façonnées par un catholicisme intolérant », lorsque sur ces chemins il était « assailli, matériellement assailli, non pas par les huées, mais par les bâtons, par les pierres, par les embuscades », lorsqu'il était guetté « par les gens du château, par les gens du presbytère, et que près de tomber dans le guet-apens » il était arraché au danger « par les radicaux, petits médecins de villages, petits propriétaires paysans, démocrates qui mènent à leur manière, en dehors de toute formule, une instinctive lutte de classes ».

Et tous ces efforts ne sont pas rien, pas juste de la « démagogie », de l'« électoralisme ». Car tous ces pas, toutes ces accolades, toutes ces rencontres ont forgé un homme parmi les hommes, ont bâti une pensée, une pensée qui n'est pas qu'une idée flottant dans les éthers kantiens de la « raison pure », mais une idée qui se confronte à l'injustice, et à la laideur, et à la beauté, et à la dureté du monde. Une idée qui épouse la glaise du réel pour mieux la pétrir ensuite. Une idée qui, malgré le confort, et les honneurs, n'oubliera pas l'humanité, souffrante et rieuse, courbée et se dressant, la vaste humanité qui l'a envoyé là, sur les sièges rembourrés de l'Assemblée, sous les ors des palais, et lorsque à la tribune il se courbe et se dresse à son tour, c'est encore habité par le souvenir de ses humbles tournées : « Toujours, depuis dix-huit siècles – et il les revoit, ces figures de Pampelonne, de Monestiés, de Valderiès –, toujours les paysans ont laissé couler vers d'autres, vers une minorité oisive, les sources du blé et du vin, de richesse, de force et de joie qui jaillissent de la terre sous leur outil, sous leur effort. À eux la peine des labours et le souci des semailles, à eux le travail inquiet de la pioche au pied de chaque cep, à eux l'acharnement de la cognée sur la forêt résistante, à eux les courts sommeils dans l'étable et le soin du bétail avant le lever du jour. Mais toujours c'est vers le financier gaspilleur, vers le bourgeois taquin et avare, que va de siècle en siècle la richesse des champs, des vignes et des bois. Le paysan voit fuir de ses mains la force des étés, l'abondance des automnes, et c'est pour d'autres toujours qu'il s'épuise et qu'il pâtit. Mais aussi, quelles que soient sa résignation et sa sujétion, toujours, de l'origine des temps à l'heure présente, il a fait entendre de siècle en siècle une protestation pour avertir les puissants que lui aussi il saurait et voulait jouir. »

Ces mots-là, emplis de chair et de sang, aucune « raison pure » ne les engendre par magie. Seules les noces de la pensée et du réel enfantent ces phrases, cette flamme : « Ce que la vie m'a révélé, ce n'est point l'idée socialiste, c'est la nécessité du combat ». Et sans cette « vie », sans ses séjours à Carmaux, sans ses « bagarres contre la Préfecture, la Verrerie, la Mine », sans ses amis qui risquent d'être « arrêtés, dénoncés par une police à tout faire, livrés aux juges, condamnés par fournées, privés de travail et de pain », jamais le sage professeur Jaurès n'aurait écrit que, « pour le peuple, il n'y a plus aujourd'hui qu'un recours, qu'un salut : la force », jamais ce bon père de famille, d'abord député « opportuniste », n'aurait affirmé que, « pour beaucoup de prétendus républicains, la République n'est que la substitution de l'oligarchie financière à l'oligarchie terrienne, du grand industriel au hobereau, du banquier au prêtre et de l'argent au dogme ».

C'est cette « vie » que respire encore sa statue sur la place de Friville, bras torse corps tout entier au « service des humbles, jusqu'à la pleine justice ». Et c'est cette « vie », faite d'espérance et de colère, qui attend d'être à nouveau portée du Vimeu à Paris...

Notes

Dans ma tête

1. Sur Goodyear : *Courrier picard*, 13/09/07 et 22/10/07 ; Reuters, 30/10/07.

2. Tribune de Vincent Peillon, « Quel avenir pour la gauche ? Les chemins de nos ruptures », *Le Nouvel Observateur*, 23/08/07.

3. Discours de Marie-George Buffet au Zénith, 23/01/07. Le relevé lexical a été effectué à partir du site Internet de Jean Véronis, « Technologies du langage » : http://aixtal.blogspot.com.

4. Citations de Warren Buffett dans le *New York Times*, 26/11/06, et sur CNN, 25/05/05.

5. Alain Touraine dans le 7/9 de France Inter, 27/10/07.

6. *Point de vue*, semaine du 26/09/07 au 02/10/07.

Dans le monde

7. Pour les bonnes affaires de la famille Wendel : *Le Figaro*, 15/10/07 ; *Le Monde*, 02/05/08. Pour Jacques Marseille : *Enjeux Les Échos*, novembre 2005.

8. Sur l'horizon radieux de l'aéronautique en Europe : « Quel avenir pour l'industrie en France ? », colloque organisé par le député Pierre Lasbordes (UMP), 07/09/05. Sur le trafic mondial en hausse et les délocalisations prévues d'Airbus : document EADS, Rapport annuel, « Panorama 2005 ». Sur la « rentabilité » exigée : « Airbus renforce sa compétitivité grâce à Power 8 », communiqué d'EADS, 28/02/07.

9. Sur Alcatel : *La Tribune*, 16/02/07. En juillet 2008, Serge Tchuruk et Patricia Russo ont annoncé qu'ils quitteraient leurs fonctions respectivement le 1er octobre et à la fin de l'année 2008.

10. Pour le rapport de la Banque des règlements internationaux : Luci Ellis et Kathryn Smith, « The Global Upward Trend in the Profit Share », Bank for International Settlements, *Working Papers*, n° 231, juillet 2007. Pour la citation d'Alan Greenspan : *Financial Times*, 17/09/07 ; Latribune.fr, 17/09/07.

11. Pour la stagnation des salaires : *Libération*, 29/11/07 ; *Les Échos*, 25/09/07. Pour les parts de l'emploi atypique : *Le Monde*, 30/11/2007.

12. Pour les revenus de Bernard Arnault : *Capital*, novembre 2007. Pour ses confidences : *Paris-Match*, 20/05/99, 14/10/99. Pour le mariage de sa fille : *Paris-Match*, 22/09/05. Pour l'avenir assuré de sa fille : « Des coulisses au premier rang », *Point de vue*, 17/10/07.

13. Sur les résultats de L'Oréal : AFP, 27/01/04. Pour Bernard Kouchner et Liliane Bettencourt : *Challenges*, juillet 2002.

14. Pour les portraits de ces PDG : « Daniel Bernard, prêt à tous les combats », *Le Figaro*, 01/08/06 ; Jean-Marie Messier, *Mon vrai journal*, Balland, 2006 ; « La belle vie de Rainer Engelke », *Le Monde 2*, 14/07/07.

15. Sur l'« Évolution des revenus des ménages par catégorie sociale (1984-1994) » : INSEE, 1996, cité dans Serge Bosc, *Stratification et classes sociales*, Armand Colin, 2004.

16. Pour le non-relèvement du SMIC : *Actualité de l'UIMM*, septembre 2007. Pour les regrets de François Fillon : Challenges.fr, 29/02/08. Pour José Manuel Barroso : *Le Figaro*, 25/03/06, cité dans Jean-Michel Perchet, *Paroles de maîtres du monde d'aujourd'hui*, Éditions libertaires, 2006. Pour les salaires des patrons : *Paris-Match*, 02/08/07 ; LCI, 28/01/08.

17. Pour les citations d'Olivier Dassault : *Le Cri du contribuable*, 26/04/07 ; « Les Fils à papa », Antenne 2, 29/06/91 ; « Cadeaux boursiers : pas vus, pas lus », *Le Plan B*, n° 12, février 2008. Les statistiques sur les impôts sont tirées de Liêm Hoang-Ngoc, « En France, retour aux privilèges fiscaux de l'Ancien Régime », *Le Monde diplomatique*, octobre 2007.

18. Pour Serge Weinberg : *Herald Tribune*, 06/12/02, cité par *Le Monde*, 13/12/02. Pour Robert Polet : *Le Monde*, 07/10/06. Les *World Wealth Reports* sont disponibles sur le site de Capgemini, www.fr.capgemini.com. Pour le marché du luxe : Boursorama.com, 20/09/06 ; *Le Figaro*, 27/12/07 ; *L'Expansion*, 19/10/05.

19. Pour le Salon du millionnaire : « Les riches dépensent sans compter », *Le Figaro*, 16/11/07.

20. Pour la stagnation des salaires : *Les Échos*, 29/11/07 ; France Inter, la matinée du 29/11/07. Nicolas Sarkozy sur France 2 : 29/11/07. *Le Figaro*, *Le Monde*, *Les Échos*, 30/11/07.

Dans la gauche

21. Ségolène Royal dans *À vous de juger*, sur France 2, 15/03/07.

22. *Les Échos*, 14/03/07 ; *L'Expansion*, 01/11/06 ; *Le Monde*, 22/02/07.

23. Sur ces discours, comme sur les suivants, le relevé lexical a été effectué à partir du site Internet de Jean Véronis, « Technologies du langage » : http://aixtal.blogspot.com.

24. Citations de Jean-Pierre Raffarin et Alain Juppé sur la croissance : 21/03/04. Jacques Attali : *La Nef*, n° 52, 1973, cité dans la revue *XXI*, n° 2, avril 2008.

25. Sur les objectifs de rentabilité d'EADS : « Airbus renforce sa compétitivité grâce à Power 8 », communiqué d'EADS, 28/02/07. Sur Ségolène Royal et Airbus : *Libération*, 06/03/07. Sur Michel Rocard et Airbus : *Libération*, 02/03/07. Pour une analyse du dossier, voir « L'affaire Airbus cache-t-elle le scandale Lagardère ? », *Le Monde diplomatique*, mai 2007.

26. *Programme commun du Parti communiste et du Parti socialiste*, préface de Georges Marchais, Éditions sociales, 1972. Transcription des discours de François Mitterrand effectuée à partir du site de l'Institut national de l'audiovisuel : à la porte de Versailles (02/12/72, ORTF), à Toulouse (04/05/74, ORTF),

à Compiègne (28/02/73, ORTF Nord), dans l'émission *À armes égales*, débat Debré-Mitterrand (13/06/72, ORTF).

27. François Mitterrand et la « trêve des classes » : *L'Enjeu*, TF1, 15/09/83. François Mitterrand à Metz : FR3, 06/04/81. Laurent Fabius et le « sale boulot » : Antenne 2, 08/01/86. Pour les notes de l'INSEE et du CERC : François Cusset, *La Décennie : le grand cauchemar des années 80*, La Découverte, 2006.

28. Sur la « juste révision » par Lionel Jospin : Lionel Jospin, *L'Invention du possible*, Flammarion, 1991, cité par Henri Rey, *La Gauche et les classes populaires*, La Découverte, 2004. Sur Lionel Jospin et Michelin : France 2, 16/09/99, repris dans François Salvaing, *La Phrase*, Mille et Une Nuits, 2006. Pour *La Revue socialiste* se félicitant des « privatisations » : n° 4, juillet 2000. Pour Lionel Jospin et les « chefs d'entreprise » : France 2, 05/12/01. Pour Raymond Barre : *L'Expansion*, 03/12/98. Pour Franz-Olivier Giesbert : *Le Figaro Magazine*, 07/11/98. Pour Alain Madelin : France 2, 23/05/00. Autant de citations piquées dans « La gauche qui capitule », *PLPL*, février 2002.

29. Pour la « politique commune » à Lionel Jospin et à Jacques Chirac : *La Tribune*, 19/03/02 ; pour les réactions chez LU à Calais : *Le Monde*, 27/03/02 – deux citations tirées de Henri Rey, *La Gauche et les classes populaires*, La Découverte, 2004. Pour Marcel Gauchet : *Libération*, 02/10/03 ; *Le Monde*, 03/10/03. Pour Zaki Laïdi : *Libération*, 17/07/03 – cités dans « Les conseillers du PS », *PLPL*, n° 18, février 2004.

30. Sur le vote par CSP au référendum européen : sondage IPSOS du 29/05/05.

31. Pour les résultats de l'élection présidentielle : « L'indiscutable défaite de Ségolène Royal », analyse du CEVIPOF (Centre d'étude de la vie politique française) dans *Le Monde* du 08/06/07.

32. Laurent Joffrin dans *Libération*, 07/05/07. Jacques Julliard sur le site www.nouvelobs.fr, 06/05/07. « Manifeste » des Gracques : *Le Monde*, 13/09/07. Henri Emmanuelli : France Inter, 09/02/90, cité dans Serge Halimi, *Quand la gauche essayait*, Arléa, 2000.

33. Vincent Peillon contre la « dégénérescence stalinienne » : *Courrier picard*, 06/10/07.

34. Tribune de Vincent Peillon, « Quel avenir pour la gauche ? Les chemins de nos ruptures », *Le Nouvel Observateur*, 23/08/07. Étude de l'INSEE sur les privatisations citée dans Jean-Jérôme Bertolus, Jean-Michel Cedro et Thierry del Jesus, *Qui a ruiné France Télécom ?*, Hachette Littératures, 2003. Sur Vincent Peillon et les stock-options chez Airbus : émission *Duel sur la 3*, France 3, 14/10/07.

35. Le « courage » de Manuel Valls : France Inter, 21/11/07. François Mitterrand à Fourchambault : ORTF, 22/02/73.

36. Discours de Nicolas Sarkozy à l'université d'été des Jeunes Populaires, 03/09/06.

37. Jacques Chérèque, *La Rage de faire*, Balland, 2007 (postface de Jacques Delors). Pour François Chérèque : LCI, 22/10/07 ; France Inter, 23/10/07.

38. Entretien avec Anicet Le Pors, *L'Humanité*, 05/10/07.

39. Entretien avec Michael Löwy et Olivier Besancenot : *Là-bas si j'y suis*, France Inter, 08/10/07.

40. Pour le New Labour : Anthony Giddens et Tony Blair, *La Troisième Voie. Le renouveau de la social-démocratie* (préface de Jacques Delors), Seuil, 2002.

Pour le discours des démocrates aux États-Unis : John Gerring, *Party Ideologies in America, 1828-1996*, Cambridge University Press, 1998.

41. Pour les « frustrations » des salariés : *La Tribune*, 18/02/08.

Dans la droite

42. Comme pour Ségolène Royal et Marie-George Buffet, le relevé lexical sur les discours de Nicolas Sarkozy a été effectué à partir du site Internet de Jean Véronis, « Technologies du langage » : http://aixtal.blogspot.com.

43. Pour Valéry Giscard d'Estaing à Amiens : ORTF, 16/05/74. Pour Thiers : discours devant l'Assemblée nationale, 20 juin 1871. Pour Gilles de Robien : colloque de la Fondation Abbé Pierre, 02/02/04. Pour les effets de la loi Robien : Fondation Abbé Pierre, « Rapport mal-logement 2006 ». Pour le « pragmatisme » : Gilles de Robien, *Manuel pour éviter la gueule de bois*, Michel Lafon, 2007.

44. Discours de Christine Lagarde devant l'Assemblée nationale, « Présentation du projet de loi en faveur du travail, de l'emploi et du pouvoir d'achat », 10/07/07.

45. Pour Auguste Blanqui : Auguste Blanqui, *Instructions pour une prise d'armes et autres textes*, La Tête de feuilles, 1973, cité dans « L'Internationale des riches », *Manière de voir*, juin-juillet 2008. Discours de Léon Say à l'Assemblée nationale contre les droits successoraux, 1895.

46. Pour la reprise de Boussac Saint Frères par Férinel : Airy Routier, *L'Ange exterminateur. La vraie vie de Bernard Arnault*, Albin Michel, 2003 ; *Courrier picard*, 16-17/02/85, 26/03/85. Tract de l'intersyndicale CGT/CFDT/FO/CFTC/CGC de la CBSF daté du 13/03/85. Bernard Arnault, *La Passion créative. Entretiens avec Yves Messarovitch*, Plon, 2000. Entretien avec Henri Deroo réalisé par Pierre Souchon pour *Fakir*.

47. Pour l'« essor » de LVMH : « Lettre aux actionnaires », juillet 2007. Pour le musée Louis Vuitton : *Paris-Match*, 05/10/06. Pour les questions complaisantes : *Paris-Match*, 14/10/99, 23/11/00.

48. Pour les citations de Bernard Arnault, outre son livre d'entretiens : « Bernard Arnault : un milliardaire made in France », *Complément d'enquête*, France 2, 11/12/06 ; interview par Jean-Pierre Elkabbach sur Europe 1, 29/03/07.

49. Pour l'« ordre keynésien » jusqu'aux années 70 et le retournement : Serge Halimi, *Le Grand Bond en arrière*, Fayard, 2004, p. 35 à 67.

50. Pour la « contrainte européenne » : Serge Halimi, *Le Grand Bond en arrière*, Fayard, 2004, d'où sont extraits Ernest-Antoine Seillière (sur Europe 1, 27/08/03), Denis Kessler (dans *La Tribune*, 04/12/00), Yves Messarovitch (dans *Le Figaro Magazine*, 26/02/02). Pour Total : Frédéric Lefebvre, député des Hauts-de-Seine, dans *Le Parisien*, 10/06/08, cité par *Le Canard enchaîné*, 11/06/08. Pour Renault-Dacia : *Les Échos*, 25/04/08. Nicolas Sarkozy sur France 2, 24/04/08.

51. Pour Nicolas Sarkozy en Tunisie : France Inter, 30/04/08. Pour le voyage en Tunisie de Laurence Parisot : *African Manager*, 28/02/08. Pour le dumping fiscal : *La Lettre de Tunisie*, n° 1, janvier 2008. Pour François Chevallier et les « profits » : France Info, 27/05/05 ; pour l'OCDE : *Étude sur l'emploi*, juin 1994

– deux citations tirées de Jean-Michel Perchet, *Paroles de maîtres du monde d'aujourd'hui*, Éditions libertaires, 2006.

52. L'Appel des 100 en faveur du « oui » au référendum constitutionnel sur le site : www.institut-entreprise.fr.

53. Pour Dominique Strauss-Kahn et le FMI : *Le Canard enchaîné*, 12/12/07. Élisabeth Guigou dans *Le Monde*, 01/11/07. André Bellon, *Pourquoi je ne suis pas altermondialiste*, Mille et Une Nuits, 2004.

54. Pour les membres du conseil d'administration de LVMH (qui n'étaient sans doute pas tous présents à l'assemblée générale) : « Gouvernement d'entreprise », www.lvmh.fr. Pour Marc-Antoine Jamet : Olivier Toscer, « À gauche... mais proche des milieux d'affaires », *Le Monde diplomatique*, décembre 2003. *Apartés* (Club des actionnaires LVMH), n° 20, octobre 2007.

55. « Rapport sur la France et la mondialisation », disponible sur le site www.elysee.fr. Bernard Arnault et Gordon Brown : *Complément d'enquête*, France 2, 11/12/06.

56. Pour les extraits de Nicolas Sarkozy, voir le site Internet de Jean Véronis, « Technologies du langage » : http://aixtal.blogspot.com. Pour sa subtile distinction entre Maghrébins et Africains, vidéo postée sur Dailymotion le 01/03/08.

Dans les têtes

57. Témoignages recueillis par Aline Dekervel pour TV 200.

58. Sur Valeo : *L'Usine nouvelle*, 03/12/07 ; *Les Échos*, 25/04/08 ; *Le Canard enchaîné*, 25/06/08. Pour Jean-Marie Le Pen : FR3 Lorraine, 24/05/84. Les témoignages à Abbeville ont été recueillis par Aline Dekervel pour TV 200.

59. Le témoignage de Patrick a été recueilli par Pierre Souchon pour *Fakir*.

60. À partir du *Courrier picard* et des *Échos* du 30/04/08. Et de France Inter, journaux du soir du 29/04/08 et du matin du 30/04/08.

61. Stéphane Leneuf sur France Inter : 30/10/07. Pour le discours de Jaurès : *Almanach de la question sociale, 1896*, consultable sur le site : www.amis-musees-castres.asso.fr.

62. Pour les frissons d'Alain Duhamel : RTL, 05/10/07. Pour les heurts entre ouvriers français et allemands : *Le Parisien*, 26/05/08, cité par *Le Canard enchaîné*, 28/05/08.

63. Pour les logements de Bernard Arnault : *Challenges*, 20/03/08. Bertrand Collomb avec Anne Sinclair, entretien réalisé par RTL, retranscrit dans Le *Figaro* du 02/06/03 et cité par *PLPL*, n° 16, septembre 2003. Serge Dassault sur RTL, 29/11/04.

64. Pour *Le Figaro* et les jets privés : 25/04/04 et 20/05/08. Pour Philippe Starck : *Elle Déco*, 10/03/08, et *Paris-Match*, 06/03/08, cité dans « L'Internationale des riches », *Manière de voir*, juin 2008. Pour « Consommer moins, répartir mieux » : Hervé Kempf, *Comment les riches détruisent la planète*, Seuil, 2007.

65. Antonio Negri : *Le Monde*, 13/07/07, cité par *Le Plan B*, et Antonio Negri et Raf Valvola-Scelsi, *Goodbye Mister Socialism*, Seuil, 2007.

Dans le Vimeu

66. *Financial Times*, 19/05/08.

67. Jacques Julliard sur LCI, 28/06/08.

68. Pour les vainqueurs du CAC 40 : *Le Monde*, 06/07/08.

69. Le nom et le prénom de ce militant socialiste – comme des suivants – ont été modifiés.

70. Pour Régis Debray : « La coupe de l'Élysée », *Le Monde*, 22/02/07. Pour le parcours de Laurent Fabius : Rémi Lefebvre et Frédéric Sawicki, *La Société des socialistes. Le PS aujourd'hui*, Éditions du Croquant, 2006. Pour son « retour à la source » : *Cela commence par une balade*, Plon, 2003.

71. Pour Jack Lang et BHL : *Paris-Match*, 11/10/07, cité par Mathias Reymond, « BHL évidemment », Acrimed, 02/11/07. Les quatre dates de BHL : Public Sénat, 01/10/07 ; *Libération*, 08/10/07.

72. Pour le portrait statistique du Parti socialiste : Henri Rey, *La Gauche et les classes populaires*, La Découverte, 2004. Le témoignage de la militante lilloise est extrait de Rémi Lefebvre et Frédéric Sawicki, *La Société des socialistes. Le PS aujourd'hui*, Éditions du Croquant, 2006.

73. Pour Edgar Morin : *Le Nouvel Observateur*, 21/11/02.

74. Emmanuel Todd, *L'Illusion économique*, Gallimard, 1998.

75. Pour le populisme dans *Libération* : éditions des 11/02/05, 17/02/05, 27/04/05, 25/05/05, 30/05/05, 02/06/05.

76. Pour Dominique Strauss-Kahn et le suffrage sélectif : Dominique Strauss-Kahn, *La Flamme et la cendre*, Grasset, 2002.

Dettes bibliographiques

La Guerre des classes repose largement, pour la matière vivante, sur des reportages réalisés pour *Là-bas si j'y suis*, sur France Inter. Ces émissions sont disponibles sur Internet à l'adresse : www.la-bas.org, et l'on peut y retrouver la voix des « héros » de ce livre.

Des tas de citations sont également extraites de *PLPL*, l'ancêtre du *Plan B*, ce journal de critique des médias – qui étend ses fourches jusqu'aux intellectuels « décerveleurs » et à « la gauche qui capitule ».

Des passages de cet ouvrage sont repris d'articles publiés dans *Le Monde diplomatique* et dans *Fakir*.

La consultation de sites Internet m'a également nourri de données.

Parmi eux, celui de l'économiste Michel Husson : http://hussonet.free.fr.

Celui de l'Observatoire des inégalités : http://www.inegalites.fr.

Celui du linguiste Jean Véronis, « Technologies du langage » : http://aixtal.blogspot.com.

Enfin, le « portail des copains » : http://rezo.net.

Surtout, des ouvrages m'ont accompagné durant la rédaction, que je voudrais mentionner ici, recommander – à défaut de les avoir cités longuement dans le corps du texte :

Jean Jaurès, *Histoire socialiste de la Révolution française*, Éditions sociales, 1989.

Max Gallo, *Le Grand Jaurès*, Robert Laffont, 1984.

Edward P. Thomson, *La Formation de la classe ouvrière anglaise au XIXe siècle*, Gallimard, 1988.

Henri Guillemin, *La Tragédie de Quarante-Huit*, Milieu du monde, 1948.

Rémi Lefebvre, Frédéric Sawicki, *La Société des socialistes. Le PS aujourd'hui*, Éditions du Croquant, 2006.

Henri Rey, *La Gauche et les classes populaires*, La Découverte, 2004.

Serge Halimi, *Quand la Gauche essayait*, Arléa, 2000.

Serge Halimi, *Le Grand Bond en arrière*, Fayard, 2004.

Jean-Michel Perchet, *Paroles de maîtres du monde d'aujourd'hui*, Éditions libertaires, 2006.

Emmanuel Todd, *L'Illusion économique*, Gallimard, 1999.

Jean-Luc Porquet, *Que les gros salaires baissent la tête*, Michalon, 2005.

Howard Zinn, *Une histoire populaire des États-Unis*, Agone, 2002.

Christopher Lasch, *La Révolte des élites*, Climats, 1996.

Christophe Guilluy, Christophe Noyé, *Atlas des nouvelles fractures sociales*, Autrement, 2004.

François Cusset, *La Décennie. Le grand cauchemar des années 1980*, La Découverte, 2006.

« L'Internationale des riches », *Manière de voir*, nº 99, juin-juillet 2008.

Jack London, *Le Talon de fer*, Phébus, 2002.

Alain Accardo, *Le Petit-Bourgeois gentilhomme. La moyennisation de la société*, Labor, 2003.

Remerciements

Après les familles Dassault, Bouygues et Lagardère, je figure parmi les pires assistés de France. Je vais donc remercier maintenant tous ceux qui, de près ou de loin, parfois sans le savoir, m'ont permis de rédiger ce bouquin dans une relative tranquillité – ou qui m'ont apporté leur concours dans mon parcours :

Ma mère, d'abord, chez qui j'ai squatté pour avoir la paix.

Et mon père, qui tolère son « Tanguy ».

Les ASSEDIC-Picardie, la SCAM, les congés spectacle, pour leurs versements de pognon.

Daniel Mermet, Yann Chouquet, Dilah Teibi et l'équipe de *Là-bas si j'y suis*, pour m'envoyer faire le mariole de Maubeuge à Megève (même si je ne ramène que du son pourri, il paraît). Et Bertrand.

Serge Halimi, pour sa générosité sans faille, ses transcriptions instantanées, et avec lui toute la Sardonie libre : Pierre Rimbert, Gilles Balbastre, Marc Pantanella, Mathieu Colloghan, Antoine Schwartz et autres malfaiteurs. Ainsi qu'Alain Accardo pour ses relectures.

Dans les mésaventures picardes, Fabian Lemaire dit Chef, Denis Blot, Jérôme et Hélène, Violaine et Mathieu et Matthieu avec deux « t », Isabelle et Pierre, plus les autres Pierre (dont l'Ardéchou), Philippe du Labyrinthe, Loïc Faujour (faut que je te rende tin capieux rouge et ta brosse à dents), Jean-Christophe, Serge et Sylvain, Patrick Lehingue, Brigitte et Stéphane, Aziz, la mafia Dekervel et les pièces rapportées, sans oublier Monsieur Abdi, Boilem, Haziès.

Pour les épisodes antérieurs, leurs coups de pouce au bon moment, François Brune et Laurent Beccaria. Et Henri Trubert, qui a repêché *Quartier Nord*. Elise Roy pour sa patience.

Et enfin, bien sûr, Aline, qui se fout de ma gueule pour mes dédicaces de rappeur, et qui se coltine tous les emmerdements à mes côtés.

Si jamais y a des noms qui manquent, les absents m'excuseront.

Et ça laissera un peu de travail aux RG.

Table des matières

Composé par Nord Compo Multimédia
7, rue de Fives, 59650 Villeneuve-d'Ascq

« Pour l'éditeur, le principe est d'utiliser des papiers composés de fibres naturelles, renouvelables, recyclables et fabriquées à partir de bois issus de forêts qui adoptent un système d'aménagement durable.

En outre, l'éditeur attend de ses fournisseurs de papier qu'ils s'inscrivent dans une démarche de certification environnementale reconnue. »

Achevé d'imprimer en Francen février 2010
par Dupli-Print à Domont (95)
www.dupli-print.fr

35-57-4062-2/06

Dépôt légal : janvier 2009
N° d'impression : 142391
N° d'édition : 14834/02